自然の恵みと暦を
ゆったり味わう
12月《つき》のレシピ

こどもと楽しむ
にほんの行事ごはん

境野米子

学陽書房

はじめに

「行事――共に食べる」

結婚して小さなアパートに暮らし始めたときのことでした。二人ともまだ学生、当然のことながら、「お互いのやりたいことを大切にし合おう」と話し合っていました。「女のクセに」とか、「女だから」なんて偏見がないことも、好ましい人だと思っていました。だから、ご飯のしたくや片付けは平等に分担してもらいたいと思い、「ご飯のしたく、手伝って」と言ったら、「ええ?!」と絶句されました。「そんな、あれこれ作るなんて無駄な時間だ、やめよう。僕は、全部ラーメンだっていい。食べたいときに、各自が食べればいいだろう」と言われ、ガガガガーン、驚きました。家族そろってご飯を食べるというのは、私にとっては絶対に譲れないことだったのです。なんのために結婚したのか、家族になったのか、その根底がガラガラと崩れ落ちました。もうだめだと思いました。そんな当たり前のことを、この人にどうやって説明したらいいのだろうと、途方にくれました。説得する気力も失せました。「別れましょう」と言うしかありませんでした。

大喧嘩の末に、彼が折れて、ご飯は二人で協力して作って食べるようになりました。彼が折れてくれなければ、離婚していたに違いありません。それほど私にとっては、ご飯を一緒に食べることは大切なことでした。幼い頃から大家族で育ち、薬屋だったので店と住居が一緒でしたから、食卓は常ににぎやかでした。一人でも欠ければ呼びに行き、みんながそろって食べました。結婚することは、食卓を共にすること、「おいしいね」を言い合うことだと思っていたのです。

ご飯は家族そろって一緒に食べる、こんな簡単な当たり前のことが、人によっては当たり前ではなく、説得したり、説明したり、動機づけしないとできないことを、はじめて知りました。いまの時代は、家族そろって食べないことのほうが、もっと、もっと増えているのではないかと思いますが、どうでしょうか。

こんなわが家庭の恥ずかしいことを書いたのは、四季折々の行事というのは、その本質は、食べることにあると思うからです。その季節、その土地で採れたものを食べて、家族や地域で喜び合う祭り、その最高の表現が行事です。共に食べることなくして、行事はないのです。行事が廃れることは、食が、家族が、地域が廃れ、危うくなること。もっと一緒に食べることを、行事を大切にしようよと、祈る気持ちでいっぱいです。

もくじ

睦月：お正月・ななくさ・鏡開き・小正月

お節料理

この本の使い方

●本書のレシピで使用している計量の単位は、1カップ=200㎖(米も同様)、大さじ1=15㎖、小さじ1=5㎖です。

●レシピの分量は、とくに表示のない場合、すべて4人分です。

●本書で「米」とあるのは、すべて五分つき米を、「砂糖」とあるのは、すべてモラセスシュガー(精製されていない褐色の粗精糖のこと)を使用することをおすすめします。

●本書で「だし汁」とあるのは、昆布と干しシイタケを適量、水といっしょにビンなどに入れてもどした汁のことです(いつも冷蔵庫に作り置きをしておき、汁物や煮物、炒め物などに使います。1週間ほどたったら、昆布やシイタケは取り出して煮物などにし、また新たに昆布と干しシイタケを入れて、だし汁を作っておくと便利です)。

●「薄い塩水」とは、水1リットルに対して塩小さじ1を入れたもののことです。

●「水溶き片栗粉」とは、とくに表示のない場合、片栗粉と同量の水で溶いたもののことです。

●もともと旧暦で行なわれてきた行事は、現在の暦に対して1か月以上のズレが生じているため、実際、食材の旬、季節感などがズレてしまっています。旧暦にまつわる食の知恵、生活の知恵、またそれぞれの郷土のならわしなどを、今の生活の中にじょうずに取り入れながら、自然の恵みを感じて作ってみてください。

◯暦マメ知識

日本の旧暦

明治5（1872）年まで用いられていた太陰太陽暦のことで、太陰暦（月の満ち欠けを基準にして作られた暦で季節とは合わない）を太陽の動き、すなわち季節にも合わせて作られた暦です。太陰暦の12か月は1太陽年（＝地球が太陽のまわりを1周する時間を1年）より約11日少ないので、19年に7回の閏月をおくなどして調節しています。中国などの古代暦が、これに属します。ちなみに、現行の暦は、1太陽年を基本単位とした太陽暦（グレゴリオ暦）です。

二十四節気（にじゅうしせっき）

旧暦（太陰太陽暦）で季節を正しく表すために用いた語で、立春、雨水、啓蟄、春分……冬至、小寒、大寒などのことです。太陽が1年で1回りする筋道（黄道）を24等分し、太陽がこの点を通過するときによって決められました。現在採用されている暦「太陽暦」に合わせていくと、その年によって少しずつ日付が変わります。

雑節（ざっせつ）

二十四節気のほかに、季節の移り変わりを表す日本独自の暦で、節分、彼岸、八十八夜、入梅、半夏生、土用、二百十日などがそれにあたります。農業に従事する人々が自然現象を細かく把握できれば、農作業に多大な被害がもたらされなくてすむだろうという、農家の知恵の結晶ともいうべきものです。

五節句（ごせっく）

年中行事を行なう日の中で、とくに重要なものとされた五つの節句で、人日（じんじつ：正月7日）、上巳（じょうし：3月3日）、端午（たんご：5月5日）、七夕（しちせき：7月7日）、重陽（ちょうよう：9月9日）のことです。江戸幕府が公式な年中行事として、この五節句を定めました（この制度自体は明治6年に廃止）。ちなみに、五節句の「節」とは、中国の暦法で定められた季節の変わり目のことで、その暦法とそれに伴う風習が日本に伝わり、さまざまな風習と習合しながら行事のかたちとして定着し、節句となっていったといわれます。また、節句とは、もともと伝統的な年中行事を行なう日である節日（せちにち）の供物「節供（せちく）」そのものを意味しましたが、のちに節日そのものをさすようになりました。

野性を取り戻す

微細な氷片が突き刺さる凍てついた大地。どんよりと厚い雲で覆われた空。寒さに身体も心も縮まり、明るい日差しや、オレンジの光をひたすら希う冬。ものみな死に絶えたと思える季節ですが、土は生きて働いています。フキノトウは雪をかき分けて芽を出し、梅は蕾をふくらませ、福寿草は透きとおるような黄色の花を咲かせます。ガチガチに凍ったハコベも、昼近くなるとイキイキとした葉がよみがえります。セリやナズナが採れれば、もう春。七草粥は、そんな光の春を身体に教えます。野草は野菜にはない強い大地の香りがします。微妙な苦味、アクともいえる味わいは、縮こまった身体が、血液が、命が欲していたものだと思えます。品種改良されて甘くなり、食べやすくなった野菜とはまるで違う栄養を、命は求めている証を見る思いです。

人間は自然の中で生きる動物として、何千、何万年も生き抜いてきたわけですが、そのために必要だった「野性」を取り戻せる時間や空間、それが七草粥をはじめとする行事食。命あるものは、そうした「野性」が必要なのでしょう。ドイツの教育学者シュタイナーは、言葉の獲得、文字の獲得に私たち人類が要した過程をじっくり、ゆっくりとたどることを教育の基本に置きました。同じように、食の基本は、野草、山菜、キノコ、木の実など、できるだけ野山のものを採り、食べることにあるのではないかと思えています。そんな自然の恵みを食べる喜びは、命の根源に根づくもの。その喜びを十分に味わうことがないと、生きる力が弱くなるのではないでしょうか。厳しい、苦しい人生ですが、それでも日々の光や風、木々や草花、風景などの恵みやちょっとした親切、おいしさを喜ぶことで、肯定的に生きる力が自然に育つのではないかと思います。そうした恵みや喜びを、家族や地域みんなで共有する、それが行事です。

季節に関係なくキュウリやトマトが店頭に並ぶ時代ですが、桜が咲かなければ、花見はできません。ヨモギが採れないと、草もちは作れません。茶の新芽が出てこなければ、茶摘みはできません。笹が育たなければ、七夕は飾れません。ススキがない月見も、様になりません。だから行事は、旧暦でないと困ります。全国一律に取り組む必要はありません。昔からその土地で行なわれてきたことを、大切にしていけばいいのです。もちろん、都会に住んでいても、花見はできます。摘む気になれば、ヨモギはどこにでもあります。わが家の生垣はお茶の木、東北でも立派に育って茶摘みができます。野草茶を飲むなら大都市でもドクダミ、オオバコなどが摘めますし、郊外や野山を歩けば、いろいろどっさり摘むことができます。

だからできるだけ、食べる前の作業を子どもたちと共に取り組んでほしいと願います。採って食べる、摘んで食べる、切って飾る、そんな食べる前の労働や準備、調理の過程を共有し、野性を取り戻してほしいと思います。

睦月

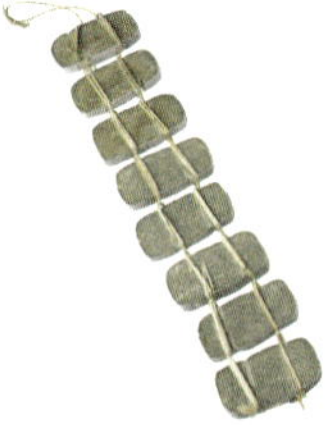

○1日　・元日
○5日頃　・小寒
○7日　・ななくさ（人日《じんじつ》の節句）

○11日　・鏡開き
○15日　・小正月
○20日頃　・大寒

お正月

「お節料理をしっかり覚えるつもりなんだ」などと、うれしいことを言ったのは、どこのどなたさんかな？　友人たちとのお付き合いのほうが忙しくて、今年も料理の手伝いまで手が回らなかったようです。全部作り終え、お重に詰めたところで、厳しい批評が待っていました。田作りは「これは、おいしくないね、昔から嫌い」、苦手な数の子は「こんなの入れなければいいのに」、好物のきんぴらは「もっと細く切ったほうが好き」などと言いたい放題。「あーあ」とため息をつきながらも「ごもっとも」。「うるさい、生意気言うな！　お節はね、好きなものを好きなだけ詰めるものではないの」と叱りたい気持ちもあり、また「そうか、若い人たちが喜ぶようなお節にしていかねばならないのか」などとも思います。伝統の素敵さを、若い人たちにどんな風に伝えたらいいのか、毎年悩ましいことです。

お節料理　〇一の重(口取り、縁起物)

大きな昆布巻き2種

材料

昆布(約18×30cm)…2枚
ニンジン…1本
ゴボウ…20cm
インゲン…3本
生鮭(またはニシンなど)…2切れ
カンピョウ…適量
塩…適量
だし汁…3カップ
しょうゆ…小さじ4
酒・みりん…各1/2カップ
砂糖(好みで)…適宜

作り方

①昆布は水でもどす。
②ニンジンは皮をむき、1cm角、20cmの長さに切る。ゴボウは皮をこそげ取り、水にさらしてアクを抜いて、1cm角、長さは昆布に合わせて切る(約20cm)。
③カンピョウは水でよく洗い、塩を加えてもみほぐし、熱湯でさっとゆでる。
④1枚の昆布に、ニンジン、ゴボウ、インゲンをのせて巻き、カンピョウで3か所を結ぶ。もう1枚には生鮭をのせ、同じようにして巻き、カンピョウで3か所を結ぶ。
⑤鍋に2つの昆布巻きをならべ、だし汁、しょうゆ、酒、みりん、塩少々を入れる(砂糖は好みで加える)。昆布が煮汁から出ないように水を加え、落とし蓋をして加熱し、沸騰したら弱火でゆっくりと煮る。やわらかく煮えたら、汁を煮詰める。
⑥適当な大きさに切り分けて盛る。

お節料理と重箱

「お節＝おせち」とは、本来、暦上の節句のことで、その節句に食べる料理をおせち料理と呼びました。めでたいことを重ねるという願いを込めて重箱に詰めます。地域やそれぞれの家庭、しきたりなどによって、詰め方や料理の組み合わせはいろいろのようですが、基本は四段重ねで、上から順に一の重、二の重、三の重、与の重となります(四の重と言わずに与の重というのは、「四」が「死」を連想させて縁起がよくないとされるからです)。

数の子と青豆の和え物

材料

数の子…200g
青大豆…1カップ
[つけ汁]
だし汁…大さじ4
しょうゆ…少々
酒…大さじ1
みりん…大さじ2
塩…少々

作り方

①青大豆はよく洗って、一晩水につける。数の子は薄い塩水につけて塩出しし、一晩おく。
②鍋に①の青大豆を入れて、歯ごたえが残る程度にゆでて、水をきって冷ましておく。
③つけ汁の材料を小鍋に入れて、ひと煮立ちさせる。
④①の数の子は水をきって薄皮をむき、③のつけ汁につける。
⑤食べやすく刻んだ④の数の子と②の青大豆を和える。

伊達巻き

材料

卵…5個
はんぺん…100g
砂糖…40g
みりん…大さじ1
塩…少々

作り方

①卵は軽く溶きほぐす。はんぺんは細かく切る。
②ミキサーの中に材料をすべて入れ、よく混ぜる。
③オーブンの天板に合わせて角に切り込みを入れたクッキングシートをぴったりと敷き、②を静かに流し入れる。200℃のオーブンで10〜15分ほど焼く(表面がキツネ色に色づき、軽くオーブンの天板をゆすって生地がゆれなければ焼き上がり)。
④卵が熱いうちに、焼き色が外側になるように巻き簀で巻き、輪ゴムで3か所を固定して、冷めてから切る。

白花豆の煮物

材料

白花豆（白いんげん豆）
…1カップ
砂糖…100～150g
塩…少々

作り方

① 白花豆は洗って、たっぷりの水に一晩つける。
② 鍋に①の白花豆をつけていた水ごと入れ、煮たったら弱火にして、アクをとりながら煮る。
③ 親指と人差し指でつぶしてみて、簡単につぶれるやわらかさに煮えたら、砂糖を3回に分けて加え、最後に塩を加える。

ギンナン

材料

ギンナン…100g
塩…少々

作り方

① ギンナンは炒って殻をはずし、沸騰した湯に塩を加えてさっとゆで、冷水に取って甘皮をむく。
② 3個ずつ楊枝や串に刺す。

油揚げの野菜巻き

材料

油揚げ（約7×14cm）…2枚
ゴボウ…15cm
ニンジン…15cm
インゲン…4本
カンピョウ…適量
だし汁…3カップ
しょうゆ…大さじ1
酒・みりん…各大さじ1
塩…少々
砂糖（好みで）…適宜

作り方

① 油揚げは熱湯をかけて油抜きし、長い方の辺を1つ残して3辺は切り開き、1枚に広げる。
② ゴボウは皮をこそげ取り、15cmの長さに切って、タテ4つ割にし、水にさらしてアクを抜く。ニンジンは1cm角、15cmの長さに切る。
③ 油揚げをゴボウ、ニンジン、インゲンを芯にして巻く。水でよく洗い、塩を加えてもみほぐし、熱湯でさっとゆでたカンピョウで3か所を結ぶ。
④ 鍋に③を入れて、だし汁、しょうゆ、酒、みりん、塩を加える（砂糖は好みで入れる）。野菜巻きが煮汁から出てしまうようなら水を加え、落とし蓋をして加熱し、沸騰したら弱火でゆっくり煮る。やわらかく煮えたら、汁を煮詰める。
⑤ 適当な大きさに切り分けて盛る。

田作り

材料

ごまめ…30g
白ゴマ…少々
しょうゆ…大さじ1
みりん…大さじ3
砂糖…大さじ1

作り方

① フライパンにごまめを入れ、ポキッと折れるくらいまで弱火で炒り、ザルに入れ、ふるってさましておく。

② フライパンにしょうゆとみりん、砂糖を合わせて火にかけ、とろみがついてきたら①を入れる。手早くからめ、炒った白ゴマをふって、クッキングシートに広げて冷ます。

黒豆

材料

黒豆…100g
クコの実…少々
水…3〜4カップ
黒砂糖…50g（好みで増減）
しょうゆ…大さじ1/2
塩…少々

作り方

① 深鍋に洗った黒豆、分量の水、黒砂糖、しょうゆ、塩を入れて、一晩おく。

② ①をそのまま火にかけ、煮立ったら弱火にして、浮いてくるアクをていねいに取る。水を約1/2カップ加えて（びっくり水といい、豆を早くやわらかくします）、4〜5時間煮続ける。豆が指先でつぶれるくらいにやわらかくなり、ふっくらとふくらんだら火を止めてクコの実を散らす。

＊フタをしたまま鍋に一晩おくと、黒豆に味がよくなじみます。

○二の重（甘いもの）

百合根の煮物

材料

百合根…300g（大2個）
クコの実…少々
だし汁…1～1と1/2カップ
塩…少々
酒…大さじ1
みりん…大さじ2
砂糖…小さじ1
しょうゆ…大さじ1

作り方

① 百合根は洗って、1片ずつにはがす。
② 熱湯に百合根を入れ、透き通るまで1分ほどゆでて、水に取る。
③ 鍋にだし汁を入れ、塩、酒、みりん、砂糖、しょうゆを入れて煮立て、百合根を入れて弱火にし、4～5分煮る。そのまま汁につけて冷まし、味を含ませ、クコの実を飾る。

栗きんとん

材料

栗の甘煮＊…10粒
サツマイモ…500g
クチナシ…1個
砂糖…100g（好みで増減）

[A]
みりん…大さじ2
塩…少々
栗の甘煮の煮汁…適宜

作り方

① クチナシは砕いてガーゼで包み（またはお茶用のパックなどに入れる）、サツマイモがかぶるくらいの水を入れた鍋につける。
② サツマイモは3㎝の輪切りにして、厚めに皮をむき、水洗いをしてから①につけ、30分おく。そのまま火にかけ、沸騰後3～4分たったらクチナシを取りのぞき、水を取り替えて、ふたたびゆでる。2～3度その作業を繰り返す。やわらかくなったらザルにあげ、湯を捨てる。
③ ②が熱いうちに砂糖を入れ、裏漉しをする。
④ Aを③に入れてサツマイモを練り、栗の甘煮を入れて仕上げる。

＊栗の甘煮

材料（作りやすい分量）

栗…500g
砂糖…300g

作り方

① 栗は鬼皮と渋皮をていねいにむき、水にひたす。
② ①の栗をゆでる。アクを抜くことが目的なので、2～3分くらいの固ゆでにする。水を取り替え、栗と鍋についたアクをきれいに洗い流す。
③ 栗が煮汁から出ないように水を入れ、砂糖を加えて煮溶かし、紙蓋をして中火で20～30分煮る。火を消して、そのまま冷まし、味を含ませる。

大根とニンジンのなます

材料

大根…300g
ニンジン…50g
塩…適量
酢…1/2カップ
砂糖…大さじ1〜2

作り方

① 大根とニンジンは千切りにする。
② ①の大根とニンジンに塩ひとつまみをまぶし、手でもんで、しんなりしたら水洗いしてザルにあげ、水気をきる。
③ 酢、砂糖、塩少々を混ぜ、②に混ぜ合わせる。

たたきゴボウの酢漬け

材料

ゴボウ(細めのもの)
…2本(約200g)
唐辛子…1本
白ゴマ…適量
水…1/2カップ
酢…1/2カップ
酒…大さじ1
砂糖…大さじ2
塩…小さじ1/3

作り方

① ゴボウは皮をこそげ取り、20cmの長さに切り、水にさらしてから熱湯で2分ほどゆで、すりこぎでたたいてひびを入れる(太いゴボウはタテ1/2〜1/4に割る)。
② 鍋に分量の水、酢、酒、砂糖、塩を入れ、唐辛子、①のゴボウを入れて火にかける。煮たったら弱火にし、ゴボウを転がしながら歯ごたえが残る程度に煮て、白ゴマも入れてひと混ぜする。
③ 4〜5cmの長さに切りそろえる。

レンコンのきんぴら

材料

レンコン…300g
唐辛子…1本
ゴマ油…大さじ1〜2
酒・みりん…各大さじ2
しょうゆ…大さじ1
水…少々

作り方

① レンコンは薄切りにする。
② 鍋にゴマ油を熱し、唐辛子と①のレンコンを炒める。
③ 酒、みりん、しょうゆで調味し、水少々を加えて好みの固さになるまで煮る。さらに汁気がなくなるまで炒り煮する。
④ 唐辛子を③の鍋から取り出して種を取りのぞき、小口切りにして③に散らす。

小エビの辛子味噌焼き

材料

むき小エビ…10尾
塩・黒こしょう…各適量
［からし味噌］
ピーナッツバター…大さじ1
コチュジャン…大さじ1
ケチャップ…小さじ1

作り方

① むき小エビは薄い塩水で洗い、水気をきって、塩、黒こしょうをふる。からし味噌の材料をよく混ぜておく。

② 小エビをクッキングシートにならべ、オーブンまたは焼き網で焼く。火が通ったら、からし味噌を塗り、さらに2～3分焼く。

＊エビにアレルギーがある場合は、エビのかわりにヤマイモやジャガイモ、サツマイモでもおいしく作れます。

きんぴらゴボウ

材料

ゴボウ…1本（約400g）
ニンジン…4cm（約150g）
唐辛子…1本
白ゴマ…少々
ゴマ油…大さじ1～2
酒・みりん…各大さじ1
しょうゆ…大さじ2～3
水…少々

作り方

① ニンジンは皮をむき、4～5cmの長さの千切りにする。ゴボウは皮をこそげ取り、4～5cmの長さの千切りにし、水にさらして水気をきる。

② 鍋にゴマ油を熱し、唐辛子とゴボウを炒め、ゴボウがしんなりしてきたらニンジンを加えて炒める。

③ 酒、みりん、しょうゆを②に加えて調味し、水少々を加えて好みの固さになるまで煮る。さらに汁気がなくなるまで炒り煮する。

④ 唐辛子を③の鍋から取り出し、種を取りのぞいて小口切りにし、③に散らして、さらに炒った白ゴマをふる。

栗の渋皮煮

材料

栗…500g
重曹…小さじ1
水…3カップ
砂糖…300g
ラム酒…大さじ1

作り方

①栗は渋皮を傷つけないように、鬼皮を底部から頂部へむく(先に栗を2分ほど湯がくと皮がむきやすくなる)。

②栗をたっぷりのぬるま湯に入れ、沸騰したら弱火にして、5分ほど煮る。重曹を加えて、湯が黒くにごるまでさらに煮る。

③黒くにごった②の湯を捨て、さらにぬるま湯に栗を入れて、沸騰してから中火で5分ほど煮る。これを3回以上繰り返す。

④③を手が入れられるほどのぬるま湯にし、その中に栗をつけたまま、傷をつけないように筋を取る(指でやさしくこすると、すべすべになる)。このとき、栗が変色するので、栗を煮汁から出さないように注意する。きれいになった栗は、入れ替えたぬるま湯に入れる。

⑤ふたたび③の作業を湯が透明になるまで繰り返す。このとき渋皮に傷のついたものは取りのぞく。

⑥分量の水に砂糖を加えて煮溶かし、⑤の栗を入れて紙蓋をし、中火から弱火で静かに20分ほど煮る(栗が煮くずれやすくなるので、火加減と時間に注意)。風味づけにラム酒を入れる。

⑦栗を取り出し、汁を煮詰め、ふたたび栗をもどして、一昼夜味を含ませる。

＊全体を通して、できるかぎり栗を空気中にさらさないようにすることと、栗を冷たい水に入れないことがポイントです。

＊鍋を2つ使い、つぎのぬるま湯を用意しながら作業をすると、やりやすくておすすめです。

＊アク抜きはワラ灰(木灰)を使う方法もあります。ワラ灰(木灰)でアクを抜いたほうが、栗の破裂が少なく、きれいに仕上がりやすくなりますます。

カブの酢の物

材料

小カブ…5～6個
菊の花(赤または黄)…適量
水…3カップ
塩…大さじ1
唐辛子…1本
酢…少々
[甘酢]
砂糖…大さじ2
塩…適量
酢…1/2カップ

作り方

①小カブは葉を落とし、上下を少し切り落として、皮をむく。両端に箸を置き、細かくタテヨコに切り込みを入れる。

②分量の水に塩を入れて溶かし、①のカブを入れて、1～2時間おく。しんなりしたら、水気をしぼる。

③甘酢の材料を合わせ、唐辛子を加えて、②のカブを入れる。

④③の汁気をきって、切り込みを菊の花のように開き、仕上がりに酢をたらした熱湯でさっとゆでた菊の花をのせる。

＊唐辛子は、苦みやアクを出さないようにするため、切らずにそのまま使います。

＊唐辛子の小口切りやゆずの皮などをのせるのも、きれいでおすすめです。

＊紅色の方は、赤カブを使うか、甘酢に赤い梅酢少々を加えて作ります。

〇三の重（魚のもの）

イカの焼きもの

材料

イカ（胴の部分）…2ハイ分（約300g）

［ほうれん草味噌］

ほうれん草…20g

白味噌…30g

砂糖…小さじ1

みりん…小さじ1

酒…小さじ1

［卵味噌］

卵黄…1/2個分

白味噌…30g

砂糖…小さじ1

みりん…小さじ1

酒…小さじ1

作り方

① ほうれん草味噌を作る。ほうれん草はゆでて葉の部分を刻み、すり鉢でする。白味噌、砂糖、みりん、酒を加えて、さらにすり合わせる。

② 卵味噌を作る。白味噌、砂糖、みりん、酒を合わせて湯せんにかけて練り、最後に卵黄を混ぜ合わせる。

③ イカは皮をむき、それぞれ斜め格子の切れ目を入れ、さらに串を刺して丸まらないようにし、網にのせて焼く。火が通ったら、ひとつにはほうれん草味噌を塗り、もうひとつには卵味噌を塗って、さらに2〜3分焼く。

＊卵にアレルギーがある場合は、卵味噌の卵黄のかわりに、ゆかりを加えて、桃色の味噌にするといいでしょう。

タコと菊の花の酢の物

材料

ゆでタコ…100g

菊の花（黄）…50g

酢…少々

［つけ酢］

酢…大さじ3

みりん…大さじ1

砂糖…小さじ1

塩…少々

作り方

① 菊の花は花びらだけむしり、酢をたらした熱湯でさっとゆで、ザルにあげて水気をきる。

② つけ酢の材料を混ぜ合わせる。

③ タコは包丁で薄くそぎ、②のつけ酢に入れ、①の菊の花を混ぜる。

イカニンジン

材料

ニンジン…1本（約150g）

スルメイカ…10g

白ゴマ（好みで）…適宜

塩…少々

酒…小さじ1

みりん…小さじ1〜2

しょうゆ…小さじ1〜2

砂糖（好みで）…適宜

作り方

① ニンジンは皮をむき、4〜5㎝の長さの千切りにする。スルメイカも同じ長さに細く切る。

② ニンジンに塩をふり、しばらくおき、さっとしぼって、スルメイカを加え、酒、みりん、しょうゆを加えてよく混ぜ（砂糖は好みで入れる）、一晩おいて味をなじませる。好みで炒った白ゴマをふる。

＊子どもや歯の弱い人には、ニンジンをさっと煮てから作るといいでしょう。

貝べり煮

材料

貝べり…100g
酒・みりん…各大さじ1
しょうゆ…大さじ1
砂糖（好みで）…適宜
粉唐辛子（好みで）…適宜
唐辛子（小口切りにしたもの）…少々

作り方

①貝べりは流水でよく洗い、水気をきる。
②鍋に①の貝べりを入れ、ひたひたに水を加える。酒、みりん、しょうゆを入れ、好みで砂糖を加えて、汁気がなくなるまで煮る。さらに好みで粉唐辛子をふり、小口切りの唐辛子を飾る。

焼き貝柱

材料

ホタテの貝柱…9個（殻ナシまたは刺身用）
塩・こしょう…各少々
［たれ］
酒…小さじ1
みりん…大さじ2
しょうゆ…小さじ1

作り方

①ホタテの貝柱は薄い塩水で洗い、塩、こしょうをする。
②①の貝柱は3個ずつ串に刺し、網にのせて、合わせておいたたれをつけて焼く。火が通ったら、さらにたれをつける。

数の子

材料

数の子…4本
［つけ汁］
だし汁…大さじ4　みりん…大さじ2
しょうゆ…少々　塩…少々
酒…大さじ1

作り方

①数の子は薄い塩水につけて塩出しし、一晩おく。
②つけ汁の材料を小鍋に入れて、ひと煮立ちさせる。
③数の子は水をきって薄皮をむき、②のつけ汁につける。

車エビの鬼ガラ焼き

材料

車エビ…2尾
練りウニ…大さじ1
卵黄(なくてもよい)
…1個分
みりん…小さじ1

作り方

① 車エビは腹部に包丁を入れて開き、ワタを取り出し、尾から頭に向かって串を入れる。このとき、殻と身の間を縫うように串を入れると、丸まらない。

② 練りウニ、卵黄、みりんを合わせ、よく混ぜる。

③ 車エビを網にのせて焼く。火が通ったら、②を塗り、さらに2～3分焼く。

＊エビにアレルギーがある場合は、白身魚でもおいしく作れます。

ブリの照り焼き

材料

ブリの切り身…2切れ
しょうゆ…大さじ3
酒…大さじ1
みりん…大さじ3
ショウガ汁…大さじ1
オリーブ油…少々

作り方

① しょうゆ、酒、みりんを合わせ、ブリの切り身を30分ほどつける。

② フライパンにオリーブ油をひき、①のブリを焼く。焼き色がついたら熱湯を適量まわしかけ、余分な油を落として鍋に入れ、ショウガ汁と①でブリをつけた液を加えて煮る。

○与の重（煮物）

与の重の煮物は、掲載の順に作り、煮汁をつぎの煮物に生かして作っていくのがポイントです（サトイモとこんにゃくの煮汁については、ほかの煮物には使いません）。

昆布の煮物

材料

昆布…適量（10～12個分）
しょうゆ…大さじ1～2
酒・みりん…各大さじ1
塩…少々
砂糖…小さじ1

作り方

① 昆布は水につけてもどし、長さ17cm、幅5.5cmを目安の大きさにして切り、タテに折りたたんで結ぶ。
② 鍋に①の昆布ともどし汁を入れ、昆布がかぶるようにする（たりなければ水を加える）。しょうゆ、酒、みりん、塩、砂糖を加えて弱火で煮る。やわらかくなったら、火を止める。残った煮汁はとっておき、シイタケとゴボウとレンコンを煮るときに使う。

シイタケとゴボウとレンコンの煮物

材料

干しシイタケ…5枚
ゴボウ…1本
レンコン…200g
だし汁…3カップ
（干しシイタケのもどし汁を加えて）
しょうゆ…大さじ1～2
酒・みりん…各大さじ1
塩…少々
砂糖…小さじ1

作り方

① 干しシイタケは水でもどし、石づきを取り、食べやすい大きさに切る。
② ゴボウは皮をこそげ取って斜め薄切りにし、水にさらして、水気をきる。レンコンは皮をむいて1cmの厚さの輪切りにし、軽く面取りをして水にさらし、水気をきる。
③ 鍋にだし汁と昆布の煮物の煮汁を入れ、シイタケ、ゴボウを入れて煮たて、しょうゆ、酒、みりん、塩、砂糖を加えて、15分ほど煮る。さらにレンコンを入れ、弱火にして煮含める。残った煮汁はとっておき、竹の子と厚揚げを煮るときに使う。

竹の子と厚揚げの煮物

材料

竹の子(ゆでたもの)…400g
厚揚げ…2枚
だし汁…3カップ
しょうゆ…大さじ2~4
酒…大さじ2
みりん…大さじ2
塩…少々
砂糖…大さじ2

作り方

① 竹の子は1cmの厚さの半月切りにし、穂先は4等分にする。厚揚げは熱湯でゆでて油抜きをし、4つ切りにする。

② 鍋に①の竹の子と厚揚げ、だし汁を入れて火にかけ、煮たったら、シイタケとゴボウとレンコンの煮物の煮汁も加え、しょうゆ、酒、みりん、塩、砂糖で調味し、弱火で20分ほど煮含める。残った煮汁はとっておき、サトイモを煮るときに使う。

サトイモの煮物

材料

サトイモ…500g
塩…適量
だし汁…カップ3
しょうゆ…大さじ1
酒・みりん…各大さじ2
砂糖…小さじ1

作り方

① サトイモは皮をむき、ボウルに入れて塩をふり、手でもんで水洗いし、ヌメリをとる。

② 鍋に①のサトイモを入れ、だし汁をひたひたに入れて火にかけ、煮たったら、弱火にして3分ほど煮る。しょうゆ、酒、みりん、塩少々、砂糖を加えて調味し、竹の子と厚揚げの煮物の煮汁も加え、落とし蓋をして20分ほど煮る。

③ サトイモがやわらかくなったら、落とし蓋を取りはずし、鍋をゆすりながら煮転がして、色よく煮あげる。

＊八つ頭の場合も同様です。

こんにゃくの煮物

材料

こんにゃく…400g
だし汁…1/2カップ
しょうゆ…大さじ3～4
酒…大さじ1
みりん…大さじ2
塩…少々
砂糖（好みで）…適宜
唐辛子…1本

作り方

① こんにゃくは熱湯でゆで、水気をきる。1cm幅に切り、真ん中に3.5cmほどの切り込みを入れ（両端は2.5cmほど残す）、片端を真ん中の切り目にくぐらせ、結びこんにゃくをつくる。
② 鍋に①のこんにゃくを入れ、だし汁、しょうゆ、酒、みりん、塩、好みで砂糖を入れ、さらに唐辛子を加えて火にかける。
③ 煮たったら弱火にして、汁気がなくなるまで煮て、火を止める。
④ 1時間ほどたつと、こんにゃくの水気がでてくるので、もう一度火にかけ、汁を煮つめる。

ニンジンの煮物

材料

ニンジン…1本（約300g）
だし汁…1カップ
酒・みりん…各大さじ2
塩…少々
砂糖…大さじ1

作り方

① ニンジンは厚さ1cmの斜め切りにする。
② 鍋に①のニンジンとだし汁を入れて火にかけ、煮たったら酒、みりん、塩、砂糖で調味し、弱火で20分ほど煮含める。

酢レンコン

材料

レンコン…1節
酢…1カップ
砂糖…50g
塩…小さじ1
水…大さじ3
唐辛子…1本

作り方

① レンコンは皮をむき、薄い輪切りにして、水にさらし、水気をよくきる。
② 鍋に酢、砂糖、塩、水大さじ3を入れて煮立て、①のレンコンを加え、透き通るまで2～3分煮る。
③ ②に唐辛子を加えて、レンコンに味を含ませる。

お正月の雑煮

味噌雑煮

材料

餅…4個
カブ…2個
ニンジン…1/4本
サトイモ…2個
青のり（生）…少々
だし汁…4カップ
白味噌…適量

作り方

① カブは葉を切り落とし、16等分にする。ニンジンは薄くイチョウ切りにし、サトイモは一口大に切る。

② 鍋にだし汁を入れ、①を加えて煮る。煮えたら、焼いた餅と白味噌を入れ、青のりをのせる。

しょうゆの雑煮

材料

餅…4個
大根…1/4本
ニンジン…1/3本
ゴボウ…1/3本
ミツバ…適量
干しシイタケ…1枚
かまぼこ…8切れ
だし汁…4カップ
（干しシイタケのもどし汁を加えて）
酒…大さじ1
塩…少々
しょうゆ…大さじ1

作り方

① 大根、ニンジンは薄いイチョウ切りにする。ゴボウは皮をこそげ取り、薄いささがきにし、水にさらす。ミツバは3cmの長さに切る。

② 干しシイタケは水でもどし、細切りにする。

③ 鍋にだし汁を入れ、ミツバをのぞいた①の野菜と②、かまぼこを入れて、煮えたら酒、塩、しょうゆで調味する。

④ 器に③と焼いた餅を入れ、ミツバをのせる。

七種粥

材料

米…1/2カップ
七種（アワ、キビ、ヒエ、麦、黒米、赤米、豆類、カボチャ、イモ類など）…合わせて1/2カップ分
水…4と1/2カップ
塩…少々

作り方

① 豆類は一晩水につけておく。
② 米は洗って分量の水とともに鍋に入れる。雑穀類はボウルに入れて洗い、目の細かいザルにあげ、カボチャやイモ類は1cm角に切る。雑穀、豆類、カボチャ、イモ類と塩も一緒に鍋に入れる。
③ ②の鍋を火にかけ、沸騰したら弱火で30〜40分ほど炊く。途中、ふきこぼれそうになったら、フタをずらして蒸気を逃がす。
④ 火を止めたら、少し蒸らして、器に盛る。

＊豆類は大豆、小豆、インゲン豆など、イモ類はサトイモ、サツマイモ、ジャガイモ、ヤマイモなど、なんでもよい。

七草粥

材料

米…1カップ
七草（セリ、ナズナ、ゴギョウ、ハコベラ、ホトケノザ、スズナ、スズシロ）…各適量
水…4と1/2カップ
塩…少々

作り方

① 米は洗って分量の水とともに鍋に入れ、火にかける。沸騰したら弱火で30〜40分ほど炊く。途中、ふきこぼれそうになったら、フタをずらして蒸気を逃がす。
② 七草は細かく刻む。
③ おかゆが炊きあがる少し前に、②の刻んだ七草と塩をふり入れて混ぜ、器に盛る。

七種粥と七草粥

平安時代あたりから始まったとされる七種類の穀物を使った「七種粥」を食べる習慣と、年の初めに雪の間から芽を出した若菜を摘む「若菜摘み」の習慣とが結びつき、以来、七種類の若菜を入れた「七草粥」が食べられるようになったといわれています。

七草粥②

材料

米…1カップ
七草（フノリ、マツモ、ヒジキ、ワカメ、切り昆布、焼きのり、青のりなど）…各適量
水…4と1/2カップ
塩…少々

作り方

① 米は洗って分量の水とともに鍋に入れる。フノリ、マツモ、ヒジキ、ワカメ、切り昆布などの乾物類は水につけておく。
② ①の鍋を火にかけ、沸騰したら弱火で30〜40分ほど炊く。途中、ふきこぼれそうになったら、フタをずらして蒸気を逃がす。炊きあがる直前に、①でもどした乾物類と塩を加える。
③ 炊きあがったら火を止めて焼きのりと青のりを加え、少し蒸らして、器に盛る。

鏡開きのお汁粉

材料

小豆…200g
黒砂糖・砂糖…各50g
塩…少々
水…3カップ＋4カップ
鏡餅…適量

作り方

① 小豆は洗ってザルにあげ、鍋に入れて水3カップを加え、中火で煮る。沸騰したらザルにあげ、さっと水洗いしてアクを抜く。
② ①の小豆をふたたび鍋に入れて水4カップを加え、豆がやわらかくなるまで煮て、汁気をきる。
③ ボウルの上に漉し器を置いて②の小豆をのせ、豆をつぶして皮をのぞく。
④ ③をさらし布で漉す。
⑤ ④を鍋に入れ、黒砂糖、砂糖、塩を加えて弱火にかける。適宜、水を加えてかき混ぜる。
⑥ お供えしていた鏡餅を食べやすい大きさにして、水につけてやわらかくし、焼いて（または蒸して）、⑤のあんの汁に入れる。

小正月の小豆粥

材料

米…1/2カップ
小豆…1/5カップ
塩…適量

作り方

① 小豆は一晩水につけてもどし、ザルにあげ、鍋に入れて水1〜2カップと塩小さじ1を加えて、弱火でやわらかく煮る。
② 米は洗って鍋に入れ、①の小豆の煮汁と水を合わせて450mlにして入れ、30分ほど煮る。
③ ②に塩ひとつまみを加えて強火にかけ、沸騰したら、ふきこぼれる直前に弱火にし、軽く混ぜ、フタをして炊く。
④ 15分炊いたところで、汁気をきった①の小豆を加え、軽く混ぜてさらに20〜25分ほど炊き、火を止めて15分蒸らす。

如月

○3日頃・節分
○4日頃・立春
○19日頃・雨水

節分

節分の夜は、豆まきをする父の後について歩くだけなのですが、なぜか、ワクワク。家中の戸や窓が開け放たれ、凍えるような寒気に向かって豆粒を投げる快感。父が「鬼はーそとー」「福はーうちー」と豆を投げる姿が格好よくて、なんとか同じように投げたいと懸命でした。大きな声を張り上げる父に合わせて、唱える気持ちのよさ。ご近所のあちこちから、同じような声が聞こえてくると、「あ、やっている、やっている」と、よりいっそう嬉しくなりました。

　豆まきが終わると、大きなヤカンに炒った大豆、梅干し、ほうじ茶を入れて煮立てた熱々の福茶を飲みました。年に一回だけの福茶。おいしくて、何杯もおかわりして飲みたいのに、「寝る前だから」と一杯だけでした。いまでも、その悔しさが思い出されます。

恵方巻き

材料（5本分）

米…3カップ
焼きのり…5枚

［合わせ酢］
酢…大さじ1
砂糖…大さじ1
塩…小さじ1/2

［具］
干しシイタケ…5個
カンピョウ…20g
ニンジン…1本
ゴボウ…1本
竹の子（ゆでたもの）…100g
アスパラガス…5本
アナゴ…100g
卵…3個
鮭（焼いてほぐしたもの）…大さじ5
だし汁…1カップ
（干しシイタケのもどし汁を加えて）
砂糖…大さじ1＋少々＋小さじ1
酒…大さじ1＋大さじ1
みりん…大さじ1＋大さじ2
しょうゆ…大さじ1
塩…適量
オリーブ油…適量

作り方

① 米は洗って水加減（米と同量）をして炊き、合わせ酢をふりかけ、切るように混ぜて、冷ます。
② 干しシイタケは水でもどす。カンピョウは水でよく洗って塩でもみ、1回ゆでこぼす。シイタケは細切りにし、ニンジンとゴボウは5㎜角の棒状、竹の子は細切りにする。カンピョウは5㎝の長さに切る。
③ 鍋にだし汁、砂糖大さじ1、酒とみりん各大さじ1を入れ、②のシイタケ、カンピョウ、ニンジン、水にさらしたゴボウ、竹の子を煮る。
④ アナゴは網にのせ、2分ほど焼き、鍋にしょうゆ大さじ1、酒大さじ1、みりん大さじ2、砂糖少々を加えて煮る。
⑤ アスパラガスはゆでて、布に包み、水気をしっかりとる。
⑥ 卵は溶きほぐし、砂糖小さじ1、塩少々を加えて、熱したフライパンにオリーブ油をひいて卵焼きを作り、細長く切る。
⑦ 巻き簀に、つるつるの面を下にして焼きのりをのせ、上2㎝ほどあけて①の寿司飯を平らに広げる。
⑧ すべての具をならべ、巻き簀でしっかりと巻く。

＊その年の恵方に向かって、祈念しながら切らずに丸ごと1本を食べます。その間、しゃべってはいけないといわれています。
＊卵にアレルギーがある場合は、細切りにした油揚げを甘辛く煮たものを入れるといいでしょう。

大豆の五目煮

材料

大豆…1カップ
ニンジン…1本(約１００ｇ)
竹の子(ゆでたもの)…50ｇ
レンコン…１００ｇ
こんにゃく…1/2枚
干しシイタケ…３枚
昆布…10cm
水…1カップ
酒…大さじ1
みりん…大さじ2
塩…少々
しょうゆ…大さじ1〜2

作り方

① 大豆は洗って、たっぷりの水に一晩つけ、アクを取りながら、やわらかく煮る。
② 干しシイタケと昆布は水でもどし、やわらかくなったら１cm角に切る。
③ ニンジン、竹の子、レンコン、こんにゃくは１cm角に切る。
④ 鍋に①の大豆、②のシイタケと昆布、③の野菜とこんにゃくを入れ、干しシイタケと昆布のもどし汁と分量の水をひたひたに加え、酒、みりんを入れて、やわらかく煮る。野菜がやわらかくなったら、塩、しょうゆを加えて味をととのえる。

イワシの梅煮

材料

イワシ…8尾
梅干し…8個
根ショウガ…1かけ
水…1カップ
酒…大さじ1
砂糖…大さじ2
みりん…大さじ2
しょうゆ…2/3カップ

作り方

① イワシは薄い塩水でウロコを取りながら洗い、エラや内臓を取り除き、流水で洗って、水気をきる。

② 鍋に①のイワシをならべ(頭が左、腹は手前にする)、分量の水、酒、砂糖、みりん、しょうゆを加え、すりおろした根ショウガ、梅干しも入れて、落とし蓋をして強火で煮立てる。煮立ったら、弱火でゆっくり煮含める。

福茶

材料

炒り大豆…50g
梅干し…4個
ほうじ茶…適量

作り方

炒り大豆と梅干しに、熱々のほうじ茶をそそぐ。

＊梅干しは、刻んで入れてもいいでしょう。

弥生

○3日　・雛祭り（上巳《じょうし》の節句）
○6日頃　・啓蟄《けいちつ》
○21日頃　・春分、彼岸中日

雛祭り

立春を過ぎると、雛の季節。家中を雛で飾ります。福島県の三春の張り子雛は玄関に、手のひらに乗るほどの大きさの陶製の立ち雛は洗面所、居間には亡き母が大切にしていた和紙の紙雛、そして奥の座敷には平飾りを出します。平飾りは、アパート暮らしに合わせて買ってもらったものですが、飾るのが面倒な物ぐさな主婦にぴったり。台に赤い毛氈を敷き、屏風を置き、親王を飾り、桜と橘、ぼんぼり、三方を置いて終了。簡単です。家中が雛に染まって華やぎます。子どもが小さいときは、どんなご飯を作ろうか、ケーキはいちごがいいか、チョコがいいかなどと話がはずんだものでした。

遠くに暮らす娘たちに、「今年も飾りました」とメールを出しますが、「お出かけください」の心は通じないようで、「あらそう、よかったね」とそっけない返事。まあ、いいか。戻ってこなくても、私のための雛祭りと言い聞かせ、せっせとちらし寿司を作ります。

ちらし寿司

材料

米…3カップ
干しシイタケ…2～4枚
ニンジン…50g
竹の子(ゆでたもの)…100g
レンコン…50g
キヌサヤ…30g
油揚げ…1枚
卵…1個
水…1カップ
(干しシイタケのもどし汁を加えて)
砂糖…大さじ1～2+小さじ1
酒・みりん…各大さじ1
塩…小さじ1+適量
しょうゆ…大さじ1
酢…大さじ1+小さじ1
菜種油…少々
焼きのり…少々
[合わせ酢]
酢…大さじ1
砂糖…大さじ1
塩…小さじ1/2

作り方

① 米は洗って水加減(米と同量)をして炊き、合わせ酢をふりかけ、切るように混ぜて、冷ます。
② 干しシイタケは水につけてもどし、細切りにする。ニンジン、竹の子は4～8つ割にし、薄く小口切りにする。油揚げは熱湯をかけて油抜きをし、タテ半分にして、細く切る。
③ 鍋に②と分量の水、砂糖大さじ1～2、酒、みりん、塩小さじ1、しょうゆを加え、煮る。煮立ったら弱火にし、野菜がやわらかくなり、汁気がなくなるまで煮続ける。
④ レンコンは4～8つ割にし(細いものはそのまま)、薄い小口切りにし、塩少々と酢大さじ1を加えた湯でさっとゆで、ザルに取り、酢と砂糖を各小さじ1ずつふりかけておく。キヌサヤは、塩ひとつまみを加えた湯でさっとゆで、斜め細切りにする。
⑤ 卵はよく溶きほぐし、塩少々を加えて混ぜ、菜種油をひいて熱したフライパンに入れる。流し入れて薄焼き卵を作り、冷めたら細切りにして錦糸卵を作る。
⑥ ①の寿司飯に③の具と④のレンコンを混ぜ合わせ、さらに④のキヌサヤ、⑤の錦糸卵、細切りにした焼きのりを散らす。

＊卵にアレルギーがある場合は、ほぐした白身魚をから炒りしたものや、ほぐした鮭などを散らすのもいいでしょう。

蛤のお吸い物

材料

蛤…4個
細ネギ…5cm
ミツバ…少々
水…4カップ
酒…大さじ1
塩…少々
しょうゆ…少々

作り方

① 蛤は塩水につけて砂出しをし、こすり合わせるようにしてよく洗う。

② 鍋に①の蛤と分量の水、酒を入れて火にかけ、沸騰したら中火にし、アクを取りながらうま味を引き出すように煮る。塩で味をととのえ、しょうゆをほんの少々たらす。

③ 椀に盛り、刻んだ細ネギとミツバを散らす。

ウドのサラダ

材料

ウド…1本
ニンジン…50g
セロリ…50g
乾燥ワカメ…10g
アスパラガス…1束
赤カブ（ラディッシュ）…2〜3個

［ドレッシング］
ゴマ油…小さじ1
酢…大さじ2
しょうゆ…大さじ1
はちみつ…小さじ1

作り方

① ウドは皮をむいてから4cmの長さに切り、薄く短冊切りにする。ニンジン、セロリは千切りに、ワカメは水にもどして細く切る。アスパラガスは下の部分を4cmほど皮をむき、熱湯でゆで、4cmの長さに切る。赤カブは葉を切り落とし、薄切りにする。

② 器に①を盛り、合わせておいたドレッシングをかける。

*ウドの皮は千切りにして、油で炒め、きんぴらを作ると、おいしくておすすめです。

いちご大福

材料（4個分）
いちご…4粒
小豆あん＊…50g
切り餅…100g
砂糖…30g
水…30ml
片栗粉…適量

作り方

① いちごは洗ってヘタを取り、4等分した小豆あんにいちごをのせ、1/4くらいまで隠れるように包む。
② 切り餅は濡れぶきんを敷いた蒸し器で蒸し、やわらかくする（目安として約10〜15分）。
③ 小鍋に砂糖と分量の水を入れ、弱火で砂糖を煮溶かし、シロップを作る。
④ 蒸した②の熱い餅を鍋に入れ、水で濡らした木べらで混ぜ、なめらかになるまで練り上げる。③のシロップを少しずつ加え、よく混ぜ合わせ、火にかけて弱火でしっかりと練る。
⑤ 片栗粉をふったバットに④を移し入れ、手にも片栗粉をつけて生地を4等分し、丸める。生地が熱いうちに1つずつ円形にのばし、①のいちごと小豆あんを包む。

＊固くなりやすいので、冷凍して保存するといいでしょう。

＊小豆あん

材料（作りやすい分量）
小豆…100g
黒砂糖・砂糖…各25g
塩…少々

作り方

① 小豆は洗ってザルにあげ、鍋に入れてたっぷりの水で強火で煮る。小豆の皮がのびるまで煮たらザルにあげ、煮汁を捨てる（渋みをとり、アク抜きをする）。
② 再び小豆を鍋に入れ、たっぷりの水を加えて、中火でアクを取りながら、やわらかくなるまで煮る（約1時間）。
③ ②に黒砂糖と砂糖を2回に分けて入れ、木べらで焦がさないように練る。塩を加えて味をととのえ、ひと煮立ちさせる。

桃の花のお酒

材料
桃の花びら…適量
梅酒（または果実酒）…大さじ1
サイダー…適量

作り方
サイダーに梅酒を加え、桃の花びらを散らす。

摘み草

　血が湧き踊るおいしさ、身体の隅々にまで必要なものが運ばれていく実感。それが摘み草です。雪が残る畑や土手で、まず摘むのはハコベ、毎朝飲む野菜ジュースに入れます。つぎに、セリ、ナズナ、ゴギョウ……おひたしや汁物、お粥に散らします。そして、フキノトウ、ツクシ、タンポポ、ギシギシ、ヨモギなどが摘めれば、もう春。

　凍えて縮まった身体が、暖かな季節に向かって開いていくために、どうしても必要な微量成分が、こうした野草には含まれているのではないでしょうか。昔から食べ続けられてきた野草、摘み草のならわしには、データにならない秘密があるように思います。だって、摘む喜びもさることながら、ほんの少しの苦味、辛味、酸っぱ味が、絶妙に身体がほしがっている味。おいしくてならないのです。

野草の天ぷら

材料

野草(ツクシ、タンポポの葉、ギシギシの芽、ヨモギ、イタドリの芽、ウドの芽、ドクダミの葉、ユキノシタの葉など身近にとれる野草)…適量
卵(なくてもよい)…1個
水…1カップ
小麦粉…1カップ
片栗粉…大さじ1
揚げ油(菜種油)…適量

作り方

①卵は溶きほぐし、分量の水を入れて、小麦粉、片栗粉を加える。さっくりと混ぜて、衣を作る。
②揚げ油を熱し、野草に①の衣をつけて揚げる。

山菜味噌漬け

材料(作りやすい分量)

山菜(ワラビ、ツクシ、コゴミ、フキノトウなど)…適量
野菜(ニンジン、ヤマイモ、サトイモ、大根、ゴボウ、キュウリなど)…適量
塩…適量
[味噌床]
味噌…500g
酒…1/4カップ
みりん…1/4カップ
砂糖…500g
すり白ゴマ…40g

作り方

①山菜、野菜は、それぞれ下ごしらえする。山菜は塩ひとつまみを入れた熱湯でゆでて水にさらし、アクを抜く(とくにアクが強いワラビは、ボウルなどに入れて、重曹または木灰ひとつかみをふって熱湯をまわしかけ、そのまま一晩おいてから流水でよく洗う)。アク抜きした山菜と水分が多い野菜は、あらかじめ塩をふって下漬けし、しばらくの間おいてから水で洗い、布で包んで水気をとる。
②酒、みりんを鍋に入れて火にかけ、沸騰する直前(80℃くらい)で火を止める。
③味噌、砂糖、すり白ゴマを②の鍋に入れ、よく練る。
④おいておいた①の山菜と野菜をガーゼに包み、③の味噌床、山菜(または野菜)、味噌床と重ねる。容器は、ガラスや陶器製、ホーローなどを使うようにする。
⑤好みの状態に漬かったら、食べやすい大きさに切って皿に盛る。

*塩辛いものが苦手な人は、早めに食べるといいでしょう(目安は一晩または2〜3日)。じっくり漬けたほうがよい人は、1週間程度おくと味噌漬けらしい味わいが楽しめます。

*細かく刻んで田楽の味噌として、またキュウリなどを生で食べるときにも使えます。

*冷蔵庫で保存すれば、3か月以上日持ちします。また、味噌床は繰り返し何度も使えます。さらに味噌床の味噌は捨てずに、炒め物、和え物、味噌田楽などに使うといいでしょう。

*サトイモ、ヤマイモは、漬けたものを焼いて食べると、とてもおいしいです。

スミレのゼリー

材料

スミレの花…適量
棒寒天…1本
水…3カップ
砂糖（または蜂蜜）…50g
梅酒（または果実酒など）…大さじ1～2

作り方

① 棒寒天は小さくちぎって水にひたし、もどす。もどったら、よくしぼって鍋に入れ、分量の水を加えて煮溶かす。さらに砂糖を入れて溶かし、梅酒を加えて冷ます。

② ①を水でぬらした容器に流し入れ、スミレの花を散らして、冷蔵庫で冷やす。

＊スミレの花は、摘んできたものをさっと洗い、水気をしっかりとって、冷凍して保存します。

草餅

材料（10個分）

ヨモギ…50g
重曹…小さじ1
上新粉…200g
白玉粉…30g
熱湯…1カップ
小豆あん（33頁参照）…200g
片栗粉…適量

作り方

① たっぷりの湯をわかし、重曹を入れて、摘んだヨモギをさっとゆで、すぐに冷水に取り、流水にさらしてアクを抜く。水分をしっかりしぼり、包丁でたたくように、細かくていねいに切る。

② ボウルに上新粉と白玉粉を入れ、分量の熱湯を加えて箸でこね、耳たぶくらいのやわらかさになるまでこねる（水分がたりなければ、水を加える）。湯気のあがった蒸し器に濡れぶきんを敷き、こねた生地を5～6個にちぎって25～30分ほど蒸す。

③ ふきんごと②を取り出し、生地をひとまとめにして、固くしぼったふきんに移し、よくこねる。モチモチしてきたら①のヨモギを加え、さらにもみ込む（餅つき器があれば「こねる」にセットしてこねる）。こねあがったら、10等分にする。

④ 小豆あんを10等分にして丸める。手に水をつけて③の餅を楕円形にのばし、小豆あんを包んで、片栗粉をまぶす。

お彼岸

昔、祖母たちが作ってくれたぼた餅は特大の大きさ。だから、一口で食べられるようなぼた餅を見たときは、ショック。なにか上品そうに思え、まねして小さくしていましたが、最近は、ドカンと大きいのを作って大満足。

「ぼたもち」と「おはぎ」
お彼岸にかかせない食べものですが、それぞれ春と秋の季節の花を意識して「牡丹餅(ぼたもち)」「お萩(おはぎ)」と呼ばれています。作り方は同じです。

ぼた餅

材料（12～15個分）
もち米…1と1/2カップ
小豆あん（33頁参照）…400g

作り方
①もち米はよく洗って、たっぷりの水にひたし一晩おく。
②もち米をザルにあげて水気をきり、炊飯器に入れて水加減（もち米と同量）をして炊き、15分蒸らす。
③熱いうちに②をボウルに移し、すりこぎや麺棒などを水にぬらしながら軽く突いて、半ごろしにする（半分程度をつぶす）。12～15個程度に丸める。
④小豆あんは③の餅と同じ数に丸めておく。
⑤小豆あんを手に広げ、③をのせて包み、形をととのえる。
＊小豆あんのかわりに、好みできな粉や黒ゴマ、白ゴマに砂糖と塩少々を混ぜたものをそれぞれまぶしてもおいしいです。

ゴマ豆腐

材料
白（または黒）ゴマペースト…35g
くず粉（または片栗粉）…50g
水…2カップ
わさび（好みで）…適宜
しょうゆ（好みで）…適宜

作り方
①鍋にくず粉を入れ、分量の水を少しずつ加えてよくかき混ぜ、溶かす。
②白ゴマペーストを①に加えて火にかけ、弱火にして木べらでかき混ぜ、とろりとしてきたら焦がさないようによく練る。
③②を水でぬらした容器に流し入れ、粗熱がとれたら冷蔵庫で冷やす。
④適当な大きさに切り分け、好みでわさびじょうゆをつけていただく。

春のおひたし

材料
セリ（またはミツバや茎立ち菜など）…1束
塩…少々
しょうゆ（好みで）…適宜

作り方
①セリはよく洗う。
②塩を入れたたっぷりの湯をわかし、①をさっとゆでて、冷水にさらしてしぼる。食べやすい大きさに切って、器に盛り、好みでしょうゆをふりかける。
＊しょうゆに酒同量を合わせたものをふりかけてもおいしいです。

卯月

○5日頃・清明
○20日頃・穀雨

お入学

入学式に、持って行ったバッグを学校に忘れ、忘れたことも気づかずにいたら、職員室から「お忘れ物が」と電話がありました。子どもからも「しっかりしてよ。恥ずかしくて、学校に行かれない」と怒られ、真っ赤になってドキドキしながら取りに行きました。学校も職員室も先生も、なんか怖いのですよね。子どもの頃からの学校嫌いに、いっそう拍車がかかりました。

子どもの忘れ物に怒れるはずもなく、勉強嫌いも、わが身の過去を振り返ると「そうだろうな、退屈だよね」と思います。学校にちゃんと毎日通う子どもは、「本当にえらい！」と感心します。宿題をしている姿に「すごいなあ」と驚きます。だから、入学式には、お赤飯どころか、できるだけのごちそうを用意して、お祝いをしたい気持ちでいっぱいです。

赤飯

材料

もち米…3カップ
ささげ(または小豆)…30g
塩…少々

[ゴマ塩]
黒ゴマ…60g
塩…10g

作り方

① ささげはさっと洗い、水を入れて、少し固さが残るくらいまで煮る。
② もち米は洗い、ザルにあげて水気をきる。
③ 炊飯器にもち米を入れ、冷ましたささげの煮汁と塩少々を加えてひと混ぜし、水加減(ささげの煮汁も合わせて米3カップ分)をして一晩おき、炊く。
④ ゴマ塩を作る。黒ゴマは炒り、冷まして、すり鉢で粒が多少残る程度にする。熱した鍋に塩を入れ、少し炒り、冷めたら、黒ゴマと合わせてすり混ぜる。
⑤ 赤飯を器に盛り、ゴマ塩をかける。

ワラビの卵とじ風お吸い物

材料

ワラビ…4本
重曹(または木灰)
…ひとつかみ
ミツバ…少々
笹かまぼこ…3枚
卵…2個
だし汁…4カップ
酒…小さじ1
塩…少々
薄口しょうゆ…適量

作り方

① ワラビはボウルなどに入れ、重曹をふって熱湯をまわしかけ、そのまま一晩おいてアク抜きをする。流水でよく洗い、3cmの長さに切る。笹かまぼこは、細切りにする。
② だし汁を煮立て、笹かまぼこを入れ、酒、塩、薄口しょうゆで調味し、煮立ったら溶き卵をまわし入れ、火を止める。
③ ①のワラビと刻んだミツバをのせる。

＊卵にアレルギーがある場合は、すりおろしたヤマイモ、または豆腐などでもおいしく作れます。

竹の子とニシンの煮物

材料

竹の子…300g(正味)
米のとぎ汁…3～4カップ
(またはヌカひとつかみ)
フキ…200g
ニンジン…200g
生シイタケ…3枚
こんにゃく…1枚
身欠きニシン…200g
昆布…10cm
砂糖…大さじ2
酒・みりん…各大さじ1
薄口しょうゆ…大さじ1～2
塩…ひとつまみ＋小さじ1/2～1

作り方

①竹の子は、米のとぎ汁(またはヌカを入れた水)でゆで、アク抜きをする。流水で洗い、一口大に切る。フキは塩ひとつまみを入れた熱湯でゆで、水にさらして筋をとり、4cmの長さに切る。ニンジン、こんにゃくは、食べやすい大きさに切る。
②身欠きニシンは熱湯でゆでこぼし、流水でよく洗い、4～5等分に切る。
③生シイタケは石づきを取り、一口大に切る。
④鍋に昆布、ニシン、竹の子、フキ、ニンジン、シイタケ、こんにゃくを入れ、水をひたひたに入れて、砂糖、酒、みりん、薄口しょうゆ、塩小さじ1/2～1を加えて煮含める。

*固い身欠きニシンは、米のとぎ汁に一晩つけてもどします。

ヨーグルトゼリー

材料

ヨーグルト…200g
マンゴー…1缶
(マンゴー約200g、シロップ約1カップ)
棒寒天…1本
水…1～1と1/2カップ
砂糖…20g
梅酒…大さじ1～2

作り方

①棒寒天は小さくちぎって水にひたし、もどす。もどったら、よくしぼって鍋に入れ、分量の水とマンゴーのシロップを加えて、煮溶かす。さらに砂糖を入れて溶かし、梅酒を加える。
②マンゴーは1cm角に切る。
③ヨーグルトを①が熱いうちに少しずつ加えてよく混ぜ、②のマンゴーを加える。
④③を水でぬらした容器に流し入れ、冷蔵庫で冷やし固める。

お花見

母は二十歳のときに、兄と姉をいっぺんに結核で亡くし、人生観が変わったようです。タガが外れたようになり、祖母と二人して着物を買い、泊まり歩き、食べ歩き、花見をして歩いたと聞きました。そのとき食べた稲荷寿司やお団子が、最高においしかったと何度も話してくれました。以来、子どものときから、花見は稲荷寿司に決まりです。

菜の花稲荷

材料（12個分）

米…1カップ
もち米…2カップ
赤ワイン…大さじ3
塩…適量
桜の花の塩漬け
（あればでよい）…適宜
菜の花…1束
油揚げ…6枚
卵…2個
しょうゆ・酒・みりん
…各1/4カップ
黒砂糖…大さじ1
菜種油…少々
［合わせ酢］
酢…大さじ1
砂糖（またははちみつ）
…大さじ1
塩…小さじ1/2

作り方

① 米類は合わせて洗い、一晩水につける。ザルにあげ、炊飯器に入れて、赤ワインと塩少々を加え、水加減（米3カップ分）をして炊く。炊きあがったら、しばらく蒸らし、合わせ酢をふり入れ、切るように混ぜる。あれば、桜の花の塩漬けを入れる（桜の花の塩漬けをそのまま入れる場合は、炊くときの塩は加えない。または、塩を入れる場合は、じゅうぶんに塩抜きした桜の花を入れる）。

② 油揚げは半分に切って中を開き、熱湯をかけて油抜きをし、しょうゆ、酒、みりん、黒砂糖を加えて、煮汁がなくなるまで煮る。

③ 卵はよく溶きほぐし、塩少々を加えて混ぜ、菜種油をひいて熱したフライパンに流し入れて薄焼き卵を作る。冷めたら細切りにして錦糸卵を作る。

④ 菜の花はたっぷりの湯でゆで、冷水にさらしてしっかりしぼり、食べやすい大きさに切る。

⑤ ①の寿司飯を②の油揚げに詰める。口を開いたまま上にして、④の菜の花や③の錦糸卵、あれば桜の花を飾る。

＊卵にアレルギーがある場合は、ほぐした鮭などを散らすといいでしょう。

野菜と山菜の揚げ煮

材料

竹の子…適量
ニンジン…1本
山菜（ウド、タラの芽、フキ、フキノトウなど）…適量
ヤマイモ…50g
小麦粉…1カップ
片栗粉…少々
揚げ油（菜種油）…適量
しょうゆ・酒・みりん・水
…各1/4カップ

作り方

① 竹の子、ニンジン、山菜は、食べやすい大きさに切る。

② ヤマイモはヒゲだけを焼いて取りのぞき、皮ごとすりおろす。小麦粉と片栗粉を加え、必要なら水を少し入れて（固さの目安は通常の天ぷらの衣程度）、かき混ぜる。

③ ①の野菜と山菜に②の衣をつけ、油で揚げる。

④ 油で揚げた③は鍋にならべ、しょうゆ、酒、みりんと分量の水を加え、さっと煮る。

⑤ 器にいろどりよく盛る。

「大地のリズム」

すっくりと立ち上がった緑の茎に真っ白なホワホワの花。ニンジンの花が咲くのをはじめて見たときは、その美しさに驚きました。世の中には、花屋さんに売られていない花があるのだと知りました。畑を耕し始めてからは、大根の花、ほうれん草の花、小松菜の花、白菜の花、ニラの花、ミツバの花……ますます野菜が愛おしく、大好きになりました。学校でも、家でも、こんな大事なことなのに、誰も教えてくれませんでした。そんなことも知らずに生きてきたことは、大損、大失敗でした。

生まれ育ったのは街の中、遊び場は幅一メートルあるかないかの横丁でした。キャベツや白菜がどのように育つのか、米と麦の違いなど、なにひとつわからないし、また興味もありませんでした。専門の人が耕していればいい、私は自分の専門を……と当たり前のように考えていました。就職するときには、世の中が食品添加物の安全性を求める消費者運動が巻き起こっていました。自然な成り行きで、仕事として食品添加物や有害物質の分析の仕事をするようになりました。しかし、有機野菜や添加物のないものを購入し、安全な食事をすることは、まったく考えませんでした。そのことの重要性を身にしみて実感したのは、生まれた長男の血液の病でした。市販のものではなく、「より安全なものを食べさせたい」の思いは、母親としての感情でした。その一念が、「手に入らないものは自分で作る」となり、味噌や豆腐、梅干しを作り、畑を耕すようにもなりました。

土に近く暮らしていると、そのペースで生

きることを強いられます。インゲンやキュウリは毎日採らないと、すぐ大きくなってしまいます。大根の種は、蒔くときを間違えれば、育ちません。ツクシ、セリなどの野草も、摘む時期はほぼ一週間。それを逃がしたら、まったく採れません。つまり、自分の都合で暮らすことはできないのです。季節に追われます。でもその忙しさは、都会で手帳を真っ黒に埋めていた予定表の忙しさとは違います。大自然のリズム、それはあたかも心臓の鼓動のようにドクドクドクと流れ続けるリズムです。その大地の鼓動に耳を傾ければ、命にとってなにが必要で、心地よく楽しいことかがわかります。「生きよ」「喜べ」「感謝しろ」と教えてくれています。「自分が」、「自分が」と頑張って生きているつもりでも、大きなものに生かされていることがわかります。

　四季折々のくっきりした彩りに身を任せ、そのリズムに合った暮らしをしていく喜びを、多くの方々に、とりわけ子どもたちに、体験してもらいたいと願っています。

皐月

○2日頃・八十八夜
○5日・こどもの日（端午の節句）

○5日頃・立夏
○21日頃・小満

八十八夜

もうずいぶん前のことですが、静岡にお茶畑とミカン畑の見学に行きました。山全体が小さなまん丸のお茶の木で覆われた和やかな風景は、はじめて見るものでした。暖かな明るい日差し、青い空、青い海、のんびりとおだやかな生産者たち。雪、どんよりと暗い空、強風の東北の地からやってきた私にとっては、身体中がほぐれていくような安らぎがありました。

そこではじめて茶飯をごちそうになりました。茶飯は、しょうゆで作るものと思い込んでいたので、本当のお茶で作るなんて、考えもしませんでした。おばあちゃんが鍋に新茶を入れて、コトコトと煮て作ってくれた茶飯は、なんともいえない色と香り、おいしさでした。この季節ならではの味わい、最高の贅沢です。

茶飯

材料

米…3カップ
緑茶の茶葉…20g＋適量
湯…2と1/2カップ
塩…少々
酒…大さじ1

作り方

①鍋に緑茶の茶葉20gを入れ、一度沸騰させた分量の湯を加えて、しばらくおく。キッチンペーパーで漉し、冷ましておく。
②米は洗ってザルにあげ、炊飯器に入れる。塩、酒、①のお茶を加え、合わせて米3カップ分の水加減になるように水を加えて炊く。
③炊きあがったら、しばらく蒸らし、切るように混ぜる。
④器に盛り、緑茶の茶葉をすり鉢（または電動ミルなど）で粉にしたものを、ほんの少しふりかける。

抹茶のパンケーキ

材料（約8枚分）

抹茶…大さじ1
薄力粉…150g
ベーキングパウダー…小さじ2
豆乳（または牛乳やココナツミルク）…1/2〜3/4カップ
はちみつ…大さじ1＋適宜
いちごジャム（好みで）…適宜
オリーブ油…適量

作り方

①抹茶、薄力粉、ベーキングパウダーは合わせてふるう。
②ボウルに豆乳とはちみつ大さじ1を入れ、よく混ぜ、ふるった①の粉類を加えて、切るように混ぜる。
③うすくオリーブ油をひいたホットプレートまたはフライパンを熱し、②を流し入れ、両面を焼く。好みではちみつやいちごジャムを添えていただく。

抹茶のくず餅

材料（4〜5個分）

くず粉…40g
抹茶…小さじ1/2〜1（好みで増減）
砂糖…大さじ2
粉寒天…小さじ1/2（2g）
水…1と1/4カップ
小豆あん（33頁参照）…50g

作り方

①鍋にくず粉、抹茶、砂糖、粉寒天を入れ、分量の水を少しずつ加えながら溶かす。これをお玉1杯分取り分けておく。
②①を火にかけて、透明になるまでかき混ぜる。火からおろし、取り分けておいた①のお玉のくずも加え、白濁してなめらかな状態になるまで練り混ぜる。
③ラップを広げ、②をスプーンですくい、中心に小豆あんを入れる。さらに、ラップの端をしぼって茶巾に包み、輪ゴムで止める。
④湯を煮立て、③を入れて中心が透明になるまで2〜3分ゆで、冷水に取る。
⑤ラップをはがして、皿に盛る。

端午の節句

生まれたばかりの長男に、血液の異常が見つかり、「検査のため」「貧血の度合いが大きい」などと入退院を繰り返しました。「もうだめだ」「長く生きられないのでは」と一喜一憂の日々でした。抱きかかえれば、どこも悪いところはなく元気いっぱいに見えるのに、検査をすると「入院」になる不条理に、どうしてもついていけませんでした。

そんな私たちにも、春は来ました。初節句に父母から贈られた五月人形。「元気で強く生きろ」のメッセージでした。いつ死ぬか、生きるかではなく、その日を精一杯生きればいいと、肩の荷が軽くなりました。

ちまきですが、笹の葉や、お風呂に入れる菖蒲やヨモギも大きく育つ旧の節句に作ります。ようやく桜が咲き終わったくらいの五月五日では、笹の葉は採れないのです。

ちまき

材料（5〜8個分）
もち米…2カップ
塩…適量
笹の葉…10〜16枚
イグサ…10〜16本
きな粉…適量
砂糖…適量

作り方
① もち米はよく洗って、塩少々を加えた水に一晩ひたす。
② もち米をザルにあげて水気をきる（このとき、もち米をひたしていた塩水は捨てずにとっておく）。笹の葉で三角を作り、もち米を8分目まで入れて包み、イグサで縛る。
③ ②を鍋に入れ、①でひたしていた塩水で煮る。煮立ったら弱火にして、さらに15〜20分ほど煮る。
④ きな粉に砂糖と塩少々を混ぜたものをつけながらいただく（好みでしょうゆや小豆あんなどをつけてもおいしい）。
＊笹の葉の大きさに合わせて、もち米の量は調節してください。

新タマネギと青のりの味噌汁

材料
新タマネギ…小1個
青のり（生）…100〜150g
まめ麸…10g
だし汁…2〜3カップ
味噌…適量

作り方
① 新タマネギは薄切りにする。まめ麸は水につけてもどす。
② 鍋にだし汁を入れて煮立て、①の新タマネギを加えて煮る。透明になってきたらまめ麸を入れ、味噌を溶かし入れ、青のりを加える。

アスパラガスとエビの生春巻き

材料

ライスペーパー（生春巻きの皮）
…8枚
レタス…2〜3枚
モヤシ…30g
アスパラガス…8本
トマト…小1個
キュウリ…1本
ニラ…8本
かまぼこ…50g
エビ…12匹
塩・こしょう…各少々
オリーブ油…少々

［たれ］
白ゴマペースト…大さじ1〜2
コチュジャン…大さじ1〜2
ケチャップ…小さじ1
しょうゆ…大さじ1
みりん…大さじ1

作り方

① キッチンタオルにライスペーパーを1枚ずつのせ、霧吹きで水を吹きかけ、湿らせる。重ねるときには、間にふきんまたはキッチンタオルをはさむ。

② モヤシはさっとゆでて、アスパラガスも切らずにゆでておく。トマトは半分に切り、薄切りにする。キュウリは5㎝の長さの千切りにする。かまぼこは細長く切る。エビは頭とワタを取り、殻つきのままオリーブ油で炒め、塩、こしょうをし、フタをして火を通す。粗熱がとれたら殻をむき、半分の厚さに切る。

③ ライスペーパーの上に、ちぎったレタスを置き、モヤシ、アスパラガス、トマト、キュウリ、かまぼこの順に置いて巻き、さらにニラを左側に少しはみ出すように3〜4本置いて、最後にエビを置き、巻き上げる。ライスペーパーの端は水をつけて止め、食べやすい大きさに切る。

④ たれの材料すべてをよく混ぜ、生春巻きにつけていただく。

＊エビは、ゆでると色があせるので、殻つきのまま炒めるのがポイントです。

＊エビにアレルギーがある場合は、ミニトマトをスライスしたものを使うと彩りがよく、おいしくできます。

＊濃厚な味のたれが好みなら白ゴマペーストを増やし、また、辛いのが好みならコチュジャンを増やすといいでしょう。

竹の子の姫皮の白和え

材料

竹の子の姫皮…適量
ニンジン…1/4本
キヌサヤ…適量
糸こんにゃく…50g
木綿豆腐…1/2丁
すり白ゴマ…大さじ1 1/2
塩…適量＋小さじ1
砂糖…大さじ1
薄口しょうゆ…少々

作り方

① 竹の子の姫皮は塩を加えた湯でさっとゆで、水にさらしてアクを抜き、3cmの長さに千切りにし、水気をきる。ニンジンは3cmの長さの千切りにし、塩を加えた湯でさっとゆで、水気をきる。糸こんにゃくは塩を加えた湯でゆでて、3cmの長さに切って水気をきる。
② 豆腐はふきんに包んで水分をとり、すり鉢ですりつぶして、すり白ゴマ、砂糖、塩小さじ1/2、薄口しょうゆを混ぜる。
③ ①の竹の子の姫皮、ニンジン、糸こんにゃくを②で和える。
④ 器に盛り、ゆでて千切りにしたキヌサヤを散らす。

メカブと焼きシイタケの酢の物

材料

メカブ…100g
生シイタケ…5枚
大根…30g
塩…適量
みりん…大さじ2
だし汁…大さじ2
薄口しょうゆ…小さじ2
酢…大さじ2

作り方

① 生シイタケは石づきを取り、食べやすい大きさに切る(タテに1/2か1/4)。軽く塩をふり、網かオーブンで焼く(またはフライパンでから炒りする)。
② メカブは流水でよく洗う(塩漬けのものは、塩出しをしてから使う)。大根はすりおろす。
③ みりん、だし汁、薄口しょうゆ、塩少々を小鍋で軽く沸騰させ、火を止めて酢を加え、②のメカブ、①の焼きシイタケと和える。
④ ②の大根おろしを添えて、または和えて盛りつける。

＊メカブのかわりにモズクで作ってもおいしいです。

柏餅

材料(10〜12個分)

白玉粉…2カップ
塩…小さじ1
熱湯…1カップ
小豆あん(33頁参照)…適量
柏の葉…10〜12枚

作り方

① 白玉粉と塩を混ぜ、分量の熱湯を加える。耳たぶくらいのやわらかさにこね、小さく丸めて、湯気のあがった蒸し器に濡れぶきんを敷いて20〜30分ほど蒸す。
② 蒸した①の餅は、ボウルに入れ、すりこぎでよくつく。
③ ②を10〜12等分して丸め、手のひらで平らにのばし、中にあらかじめ小さく丸めておいた小豆あんを入れて、柏の葉に包み、再び10〜15分ほど蒸す。

＊餅粉と上新粉とを半々にして作ってもおいしいです。また、玄米の餅粉で作ると、味わい深く、ビタミンやミネラルなどが豊富で栄養的にも満足でき、腹持ちもよくておすすめです。

＊小豆あんにゴボウのきんぴらを細かく刻んだものや、鉄火味噌などを加えてもおいしいです。

水無月

○6日頃・芒種
○10日頃・入梅
○21日頃・夏至

入梅の梅採り

店屋に梅が並ぶときをはるかに過ぎた七月のはじめ頃が、わが家の梅採り。毎年決まっているのに、店にどっさり並んでいると、家族からも「うちのも、そろそろ採った方がいいんじゃないか」などと言われ、「まだ早い」と言いながらも気がもめます。「梅のなりが悪くて、たくさん採れなかったらどうしよう」などと心配にもなります。

長男が毎日持っていく玄米おにぎりに入れる梅干しは「うちの梅干し以外は食べたくない」と言われますし、海外で暮らす娘も「うちのが一番おいしい。たくさん作っておいてね」と言うのです。いただきものの桐の箱に入った高級ブランドの梅干しは、一つひとつの粒の大きさといい、並べ方といい、まるで宝石のようですが、わが家では落第点。「うまくない」と誰も食べようとしませんでした。わが家の梅干しといっても、ただ塩で漬け、干すだけなのに、ありがたいことです。

減塩の梅干し

材料

梅…5kg
塩…500g＋適量（アク抜き用
　および容器の底と上にふる用）
焼酎…少々

作り方

① 梅は洗ってから、塩ひとつかみ程度を入れた水に2～3時間ほどつけてアクを抜く。ザルにあげ、水気をきる。
② 漬ける容器はしっかり洗ってから焼酎でよくふき、底に塩をふる。
③ 塩500gと少しの焼酎をボールに入れ、そこへ梅を少しずつ入れて塩をまぶし、容器に入れる。梅を均等にならべ、上からさらに塩をふり、落とし蓋をして、重石（梅の倍量の重さ）をする。このとき、カビがでることもあるので要注意。カビを見つけたら、ただちに取りのぞく。
④ 水があがったら、晴天が続く日を選び、ザルにならべて三日三晩干してできあがり。
⑤ ビンまたは陶製の器に入れ、冷暗所で保存する。

＊カビを防ぐためにも、漬ける容器、落とし蓋、重石は梅干し専用のものにしましょう。要注意です！

梅ジュース

材料

梅…1kg
氷砂糖…1kg

作り方

① 梅は洗ってザルにあげ、水気をきる。さらに一つひとつ布でふきながら、竹串で6～8か所突き刺す。
② ビンに①の梅を入れ、さらに氷砂糖を入れて4～5日程度おく。この間、梅からエキスがでて、氷砂糖が下に沈むので、ときどき上下をよくふり混ぜる。
③ 1か月たったあたりからが飲み頃。梅エキスをコップに入れ、水またはお湯で割っていただく。

＊夏は氷を入れて冷やし、冬は熱々を飲むのがおすすめです。

梅湯

材料

梅干し…1～2個
はちみつ…適量
熱湯…適量

作り方

① 梅干しは種をのぞいてみじん切りにし、茶碗に入れる。
② はちみつを加え、熱湯をそそぐ。

＊この梅湯は、永平寺のもてなし茶として飲まれているものです。

文月

○7日　・たなばた祭り（七夕《しちせき》の節句）
○7日頃　・小暑

○20日頃　・夏の土用入り
○23日頃　・大暑

たなばた祭り

父は、結婚して薬屋を始めるまでは電気技師。そのせいか、たなばた飾りには力が入りました。なかでも賞をとった飾りは、実物大のお百姓さんの人形を竹に吊るし上げ、噴霧器で水を散布する仕掛けでした。麦わら帽子をかぶったおじさんが、撒き散らす水の下を通り抜けるのが面白くて、大勢の子どもが集まりました。道狭しと歩けないほど大勢の人が見に来て、それはにぎやかな祭りでした。

ところが、祭りなのに、夕食はそうめんだけ。それでも乏しい食事とも思いませんでした。黄、緑、赤色の麺が入ったそうめんは、子どもにとってはとても魅力的。五人兄弟だったので競争が激しく、取り合って食べました。味も同じだし、ただ色がついているだけなのに、みんながほしくて、食べたくて、果ては喧嘩までして大騒ぎ。たいがいは、泣いて騒ぐ妹や弟が食べ、お姉ちゃんは「がまん」でした。兄弟なんかいらない、一人っ子がいいと、本気で思っていました。懐かしい思い出です。

冷やし七夕そうめん

材料

そうめん(または冷や麦)…200～250g
ナメコ…100g
大根…200g
ヤマイモ…200g
モロヘイヤ(またはオクラ)…50g
青シソ…3枚
水…1/4カップ
酒…大さじ1
しょうゆ…大さじ1/2

[つゆ]
水…5カップ
削りカツオ…30g
しょうゆ…1/2カップ
みりん…1/2カップ

作り方

① つゆを作る。鍋に分量の水を入れて沸騰させ、削りカツオを入れて弱火で5分煮出す。ザルにあげて、漉した汁にしょうゆとみりんを加え、強火にして、煮立ったら火を止めて冷ます。

② ナメコは分量の水に酒、しょうゆを加えて煮る。大根とヤマイモは皮をむき、それぞれおろし金でおろす。モロヘイヤはたっぷりの湯でゆでて、冷水にさらしてしぼり、みじん切りにする。青シソは千切りにする。

③ 鍋にたっぷりの水を入れて沸騰させ、そうめんを入れて、差し水をしながら好みの固さになるまでゆでる。

④ そうめんを器に盛り、すりおろした大根とヤマイモ、モロヘイヤ、ナメコを盛り、青シソを散らす。好みの量の①のつゆをかけていただく。

ナスとピーマンとズッキーニのすり身焼き

材料

ナス…4個
ピーマン…4個
ズッキーニ(黄と緑)…各100g
片栗粉…適量
オリーブ油…適量

[すり身]
白身魚(またはエビ)…150g
根ショウガ…10g
長ネギ…1本
卵…1個(またはヤマイモをすりおろしたもの50g)
片栗粉…大さじ2
小麦粉…大さじ1
塩・こしょう…各少々

[たれ]
つゆ(同頁「冷やし十夕そうめん」参照)…1/4カップ
水…1/4カップ(つゆと同量)
片栗粉…小さじ1

作り方

① すり身を作る。骨や皮を取りのぞいた白身魚と長ネギはみじん切りにし、根ショウガはすりおろす。すり身の材料をすべてボウルに入れて、よく混ぜる(フードプロセッサーを使うと、なめらかになる)。

② ナスはタテ半分に切り、さらに①のすり身がはさみ込めるように厚みの真ん中に深く切り込みを入れる。ピーマンはタテ半分に切り、種を取りのぞく。ズッキーニは5㎜の厚さの輪切りにする。

③ ナス、ピーマン、ズッキーニに片栗粉をふり、①のすり身をはさみ込む(または上にのせる)。

④ 鍋にオリーブ油をひき、③を両面焼く。

⑤ たれを作る。鍋につゆと分量の水を入れ、水溶き片栗粉を加え、とろみがでるまでよく混ぜる。このたれをかけて(またはつけて)いただく。

夏の土用

夏の土用の丑の日には「うなぎ」。まるで法律でもできたかのように猫も杓子も騒いでいるご時勢です。昔は、そんな風にしてうなぎを食べた記憶がありません。うなぎに限らず、暑さに負けないように精がつくものを食べればよかったのでしょう。昔の人は「う」のつくものなら「うどん」でもよいなどと、おおらかなものでした。それに、この日に食べる餅は、わざわざ「うもち」と呼んだのですから、しゃれています。

どうせうなぎを食べるなら、国産のいいものをドンと一匹ずつ、といきたいところですが、値段にびっくり。そうかといって、安全性は譲れません。それで、家族団欒を演出。おいしいものは、みんなで分け合って食べれば最高です。でも、なにもうなぎでなくても、「う芋」「う豆腐」だっていいのですからね。

うなぎのちらし寿司

材料

米…3カップ
昆布…10cm
酒…大さじ1
塩…少々
うなぎの蒲焼…1尾（約100〜120g）
青シソ…4〜5枚
長ネギ…1/4本
焼きのり（細切りにしたもの）…少々
わさび…適量
［合わせ酢］
酢…大さじ1
砂糖…大さじ1
塩…小さじ1/2

作り方

① 米は洗って水加減（米と同量）をして、昆布、酒、塩を加えて炊く。
② 炊きあがったら、合わせ酢をふりかけ、切るように混ぜて、冷ます。
③ うなぎの蒲焼をあたため、適当な大きさに切る。
④ 器に②の寿司飯を盛り、うなぎの蒲焼をのせ、焼きのり、刻んだ青シソと長ネギを盛り、わさびを添える。

ミョウガとナスのお吸い物

材料

ミョウガ…5個
ナス…2個
だし汁…2〜3カップ
酒…小さじ1
塩…少々
薄口しょうゆ…適宜

作り方

① ミョウガは薄く輪切りに、ナスは5mmの厚さの輪切りにする。
② だし汁を煮立て、①のナスを入れ、酒、塩、薄口しょうゆで調味し、煮立ったら火を止め、ミョウガを入れる。

＊ナスの黒ずんだ色がいやなときは、あらかじめナスだけゆでておきます。

夏野菜とシソの漬け物

材料

ナス…2～3個
キュウリ…1～2本
青シソ・赤シソ…各適量
塩…適量

作り方

① ナスとキュウリは、それぞれ5㎜の厚さの輪切りにする。青シソと赤シソは千切りにする。

② ①を合わせて塩をふり、よくもむ。

夏の土用の薬草採り

夏の土用の丑の日といえば、すぐに「うなぎ」が思い浮かぶ人が多いと思いますが、じつは昔から、七月の土用中に、薬草採りをするならわしが各地にあります。この季節は、薬草の薬効がもっとも強く、また、梅雨も終わって薬草の乾燥にも適しているからでしょう。なかでも、十種類の薬効があるとして知られているドクダミがおすすめです。さらに、その周りにあれば、スギナやヨモギ、カキドオシ、サンショウの葉なども摘みましょう。摘んだ薬草は陰干しにして乾燥させ、お茶や消臭剤、化粧水などを作りましょう。

薬草茶

材料

陰干しにした薬草(ドクダミ、スギナ、ヨモギ、カキドオシなど身近に採れる薬草)…15～20g
水…1～2リットル

作り方

① 陰干しにしてカラカラに乾燥させたドクダミ、スギナ、ヨモギ、カキドオシなどは、ハサミや包丁で使いやすい大きさに切る。

② ヤカンまたは鍋(ガラス、陶器製またはステンレス製のもの)に分量の水と①の薬草を入れ、火にかける。沸騰したら弱火にして、15～30分ほど煮出す。

＊寒い時はポットに入れて熱々の野草茶を、暑い季節は冷やして飲みます。また、炒った玄米や炒ったカボチャの種などもいっしょに入れて煮出すと、さらにまろやかなおいしさが味わえます。

サンショウの消臭剤

材料

サンショウの葉（ヨモギ、ミントなどでもよい）…10g

消毒用エタノール…1と1/2カップ

作り方

①サンショウの葉は陰干しにする。

②乾燥した①の葉を消毒用エタノールに1週間程度つける。

③②のエキスをスプレー容器に入れ、臭いが気になるところへスプレーする。冷蔵庫用には、つけた葉をお茶用のパックなどに詰めておいておく。

＊保存は冷暗所で1年程度が目安です。

ヨモギの虫除け剤

材料

ヨモギ（オトギリソウ、サンショウの葉、ミントなどでもよい）…10g

焼酎…2と1/2カップ

作り方

①ヨモギは地上部を刈り取り、陰干しして小さく刻む。

②①を焼酎に1週間程度つける。

③②のエキスをスプレー容器に入れ、肌にスプレーする。

＊肌につける前に、必ずパッチテストをしましょう。腕の内側に少量塗って、1～2日ほど様子をみます。

＊乳幼児や幼い子どもには、スプレーではなく、カットメンやガーゼで塗るほうがおすすめです。また、虫に刺されたときにも、かゆみ止めになり炎症を抑える効果が期待できます。

＊保存は冷暗所で1年程度が目安です。

ドクダミの入浴剤

材料

ドクダミ…適量

作り方

①採ったドクダミは陰干しにして乾燥させる。

②布で作った袋に①を入れ、風呂に水の段階から入れてわかす。

＊2～3日、湯を取り替えずに入ってもOKです。湯は黒ずんできますが、肌にはかえっていいでしょう。ただし、生の葉などを用いた場合は、1日が限度。

＊鍋で煮出したものを風呂に入れてもいいでしょう。

＊ドクダミの入浴剤には、体をあたため、血行をよくする効果があります。血行がよくなることで、たいがいの病は回復に向かいやすくなり、また、肩コリなどのコリや、疲れもほぐれ、よい睡眠を促してくれます。

レモンバームの化粧水

材料

レモンバームの葉（またはミントの葉）…1g

消毒用エタノール…大さじ1

精製水…70～80ml

グリセリン…小さじ2

作り方

①レモンバームの葉は洗い、布で水気をしっかりとる。大きければ刻み、消毒用エタノールを入れて1日つけておく。

②①の液を漉し、別のビンに入れる。精製水とグリセリンを加える。

＊保存するビンや作るときに使用する器具は、すべて煮沸消毒をしましょう。

＊化粧水として使用する前に、必ずパッチテストをしましょう。腕の内側に少量塗って、1～2日ほど様子をみます。

＊保存は冷暗所で2～3か月程度が目安です。

葉月

○8日頃・立秋
○23日頃・処暑

暑気払い

暑いときは、火を使う料理が本当にイヤです。というわけで、おごちそうは刺身で、ふだんは冷奴、納豆がわが家の定番。「ほかには、野菜たっぷりの味噌汁とぬか漬けがあればいいや」の手抜きどころか、投げやり料理。でも、主食が玄米や五分つき米であれば、おかずは豆腐や納豆で十分です。それどころか、かえって栄養は十二分にあってヘルシーで、ダイエットにもなる健康食。

ぬか漬けだって、ばかにしないでね。塩漬けとはまるで違います。たくさんの酵母が生きて働いている、正真正銘日本の由緒正しい発酵食品、いわばヨーグルトなのです。夏こそ、いい汗かいて、すっきり引きしまった身体で健康にもいい、この投げやり料理を流行らせたいものです。

新ショウガのご飯

材料

米…2カップ
新ショウガ…50g
ハーブの葉(あればでよい)…適宜
酒…大さじ1
塩…少々

作り方

① 新ショウガは皮のまま千切りにする。米は洗って水加減(米と同量)をし、酒と塩を加えて、新ショウガを上にのせて炊く。
② 炊きあがったら、よく混ぜる。あればハーブの葉などを飾る。

冬瓜の味噌汁

材料

冬瓜…400g
オクラ…50g
塩…少々
だし汁…4カップ
味噌…適量

作り方

① 冬瓜は種とワタを取り、3～4cm角に切って、薄く皮をむき、たっぷりの湯でやわらかくなるまで15分ほどゆでる。
② オクラは、塩を加えた湯でゆでる。
③ 鍋にだし汁を入れ、①の冬瓜を加える。10分ほど煮て、味噌を溶き入れ、小口切りにした②のオクラをのせる。

トマトと新タマネギのサラダ

材料

トマト…3個
新タマネギ…1個
ピーマン…1個
黄ピーマン…1/2個
ケッパー…適量
［ドレッシング］
オリーブ油…大さじ2
酢…大さじ2
塩・こしょう…各少々

作り方

① トマトはタテ半分に切り、薄切りにする。新タマネギはみじん切りにし、2種類のピーマンも種を取って、みじん切りにする。
② ドレッシングの材料を合わせる。
③ 皿にトマトを盛り、新タマネギと2種類のピーマンを散らして、ケッパーを飾り、合わせておいたドレッシングをかけていただく。

キュウリとまめ麩の酢の物

材料

キュウリ…3本
まめ麩…2袋
青シソ…少々
はちみつ…大さじ1
酢…大さじ1
塩…適量

作り方

① キュウリは洗って小口切りにし、塩少々をふって軽くもむ。
② まめ麩はぬるま湯にひたして、やわらかくなったら水洗いをし、かたくしぼる。青シソは細かく刻む。
③ ①のキュウリは水洗いをして水気をきり、はちみつ、酢、塩を入れ、②のまめ麩、青シソを加えて混ぜる。

夏野菜の味噌煮

材料

枝豆(豆で)…1/2カップ分
ゴボウ…1/2本
ニンジン…1本
ナス…5個
ピーマン…5個
根ショウガ…1かけ
油揚げ…3枚
揚げ油(菜種油)…適量
だし汁…1カップ
味噌…大さじ1~2
みりん…大さじ2

作り方

① 枝豆はゆでてサヤから豆を出す。
② 油揚げは熱湯をかけて油抜きをし、食べやすい大きさに切る。
③ ゴボウは皮をこそげ取って乱切りにし、水にさらしてアクを抜く。ニンジンとナスは乱切りにし、ピーマンは種を取って斜め切りにする。
④ ③の野菜をそれぞれ別々に油で揚げる。
⑤ 鍋に①の枝豆、②の油揚げ、④の野菜を入れ、だし汁、味噌、みりんを入れて調味し、煮る。さらにすりおろした根ショウガを加える。

スイカと白玉団子の蜜かけ

材料

スイカ…適量
ブルーベリー…適量
白玉粉…100g
水…80ml

[蜜]
砂糖…60g
水…1/2カップ

作り方

① スイカは1cm角のキューブと1cmの厚さの三角形に切り分ける。
② 小鍋に蜜の材料を入れ、沸騰させて砂糖を溶かし、冷ます。
③ 白玉粉は分量の水を加えて耳たぶくらいのやわらかさにこね、丸めて団子を20個くらい作る。
④ 沸騰した湯に、真ん中を押して少しへこませた③の団子を入れる。浮いてきたら冷水に取り、ザルにあげて水気をきる。
⑤ 角切りにしたスイカを下に入れ、三角のスイカをならべて、白玉団子をのせ、ブルーベリーを散らして、②の蜜をかける。

お盆

お盆は、朝から晩までお祭りでした。親戚なども集まるので、にぎやかです。夜になっても、子どもは浴衣を着て、盆提灯を下げて練り歩くので、小さい子から大きい子まで、歩ける子はみんな集まります。長女だったので、下の妹二人と弟を連れて歩くのですから、たいへんです。下駄の鼻緒が切れたり、提灯のロウソクの火が消えたりもします。隣の町内の子どもたちが、面白がって追いかけてきたりするので、そんなときは弟を背中におぶって、妹の手を引いて走りました。ドキドキ、ワクワクのお盆でした。

だのに、待ちに待っていたごちそうが並んだはずなのですが、なにを食べたのかまったく覚えていないのですから、不思議です。子どもにとっては、提灯行列のほうがはるかに重要だったのでしょう。そんなドキドキ、ワクワクの祭りが、今日の子どもたちにもありますようにと、願わずにおれません。

ずんだ餅

材料
もち米…3カップ
枝豆…80g
塩…適量
砂糖…大さじ1
みりん…大さじ1

作り方
①もち米は洗って、じゅうぶん水がかぶるくらいにして一晩おき、ザルにあげて水気をきる。濡れぶきんを敷いた蒸し器に入れて、強火で45〜60分ほど蒸す。蒸しあがったら、もち米をつく(炊飯器でもち米と同量の水加減をして炊いてもよい。炊きあがったら、つく)。
②鍋に湯をわかし、火にかける。煮立ったところで塩ひとつまみを加え、枝豆を入れてフタをしないでゆでる。ゆであがったら、豆をザルにあげておく(枝豆は少し固めのほうが、風味があっておいしい)。
③ゆであげた②の枝豆の薄皮を取ってすり鉢に入れ、すりつぶす。すりあがったところに砂糖、塩少々、みりんを加えて味をととのえ、食べやすい大きさに丸めておいた①の餅にまぶす。

ジュウネン餅

材料

もち米…3カップ
ジュウネン(エゴマ)…100g
木綿豆腐…1/2丁
砂糖…大さじ3
塩…小さじ1/2
しょうゆ…大さじ1

作り方

①もち米は洗って、じゅうぶん水がかぶるくらいにして一晩おき、ザルにあげて水気をきる。濡れぶきんを敷いた蒸し器に入れて、強火で45〜60分ほど蒸す。蒸しあがったら、もち米をつく(炊飯器でもち米と同量の水加減をして炊いてもよい。炊きあがったら、つく)。
②ジュウネンは鍋に入れて炒り、パチパチとはぜてきたら火を止める。
③豆腐は熱湯に入れてゆで、ぐらりとしてきたら鍋から出し、ふきんに包んで水気をきる。
④②のジュウネンをすり鉢ですりつぶし、砂糖、塩、しょうゆを加えて混ぜ、さらに豆腐を加え、よくすり混ぜる。
⑤食べやすい大きさに丸めておいた①の餅に④をまぶす。

夏野菜の精進揚げ

材料

ナス…4個
インゲン…8本
ミョウガ…4個
シシトウ…4個
オクラ…4本
ピーマン…4個
カボチャ…30ｇ
サツマイモ…30ｇ
ズッキーニ…50ｇ
青シソ…8枚
卵(なくてもよい)…1個
水…1カップ
小麦粉…1カップ
片栗粉…大さじ1
塩…少々
揚げ油(菜種油)…適量
つゆ(53頁参照)…適量

作り方

①ナスはヘタを取り、タテに2等分にし、皮の部分にタテヨコに細かな切れ目を入れる。インゲンは3～4cmの長さに切る。ミョウガは大きいものはタテ半分に切る。シシトウとオクラはヘタを取り、包丁や指先でなり口のところに傷をつけておく(こうすると、はねにくくなる)。ピーマンはタテ半分に切り、種を出す。カボチャはクシ形に薄切りにする。サツマイモは斜め薄切りにする。ズッキーニは5mmの厚さの輪切りにする。

②卵を溶き、分量の水を混ぜて、小麦粉、片栗粉、塩を入れてさっとかき混ぜ、衣を作る。

③揚げ油を熱し、それぞれの野菜に②の衣をつけて揚げる。

④つゆをつけていただく。

お盆

旧暦の7月15日を中心に行なわれる先祖供養で、正式には盂蘭盆(うらぼん)、盂蘭盆会(うらぼんえ)といいます。13日から16日までの4日間、迎え火や送り火などの行事が郷土色豊かに行なわれます。現在では、多くの地域で8月13日から16日をお盆としていますが、旧暦通り7月15日を中心に行なう地域や、7月いっぱいをお盆とする地域もあるようです。

「手間をかける暮らし」

マスコミで働く知人が、まったく味覚がなくなってしまい、病院で「亜鉛不足、栄養のバランスが悪い」と診断されました。コンビニ弁当など、外食ばかりの食事に気づかされたといいます。便利な世の中になって、手間をかけて作らなくても食べることに不自由はありません。でも、その自由な食には大きな落とし穴があるのでしょう。

わが家の暮らしは、それの対極にあるようです。つい先日は、黒紫色に実った豆柿を取りました。豆柿はその名の通り、親指の先くらいの大きさで、昔は柿渋を採る原料にしていたようです。普通の柿よりずっと遅く、霜が降りる頃になって実ります。採った豆柿は、一つひとつていねいにヘタを取り除き、大きめの平ザルに広げて干します。日差しがあるときは外で、雨の日は縁側に移します。やがて干しブドウのように黒く柔らかくなったら広口のビンに入れ、粉の黒砂糖をパラパラとふりかけてフタをしておくと、しっとりとしておいしくなります。

たくあん漬けも、八月の終わりに大根の種を蒔き、十一月終わりから十二月にかけて収穫した大根を干します。干すのも、温度が高い日が続くとカビがでますし、寒すぎると今度は凍ってしまいます。雨が続くときは、干し大根のカビを防ぐために囲炉裏に運んで干し、晴れれば外に出して陽にあて、零下に温度が下がるときは、毛布やシートをかぶせと、結構手がかかります。大根がU字形に曲がるほど、十分に干しあがったら、塩、ザラメ、米ぬか、昆布、干した柿の皮を用意して漬け込みます。

昔はどこにでも当たり前にあった暮らし、手をかけ時間をかけて、ていねいに家族が食べるものを調えていく暮らし。ナイノや銃を振り回して人の命を奪うような事件を起こした人たちは、こうした手間をかけた食べものを作り、食べていたのだろうかと、ふと考えさせられます。一日があっという間に過ぎていき、忙しい、忙しいとつい手を抜きがちな食事ですが、せめて行事の食事くらいは、手間をかけて作るおいしさや喜びを、家族で共有し合いたいものと願います。

長月

○8日頃・白露
○9日　・菊の節句（重陽の節句）
○23日頃・秋分・彼岸中日

重陽の節句

　九月九日の重陽の節句。菊の節句ともいわれますが、いまでは祝う人も少なくなりました。旧暦の九月九日は、現在では十月。九月のはじめでは、菊の花は咲きません。旧暦のときには菊の香りを移した菊酒を飲んだりして邪気を払い、長命を願ったというのですから、菊がなければできません。菊は頭痛、めまいなどに効く漢方薬ですから、菊のありがたさは今以上、さぞ珍重されたことでしょう。

　また重陽の頃は、ちょうど稲の収穫時期ですから、農山村では栗の節句とも呼ばれ、栗ご飯などで祝ったということです。土に近く暮らしていると、旧暦でないとできないものばかり。行事には旧暦の復活をと願っています。

菊の花と枝豆のご飯

材料

米…2カップ
菊の花(黄)…1パック(約100g)
枝豆(豆で)…50g
酢…少々
塩…適量
酒…大さじ1

作り方

① 菊の花は花びらだけむしり、酢をたらした熱湯でさっとゆで、ザルにあげて水気をきる。
② 鍋に湯をわかし、煮立ったところで塩ひとつまみを加え、枝豆を入れて、フタをしないでゆでる。煮えたら枝豆をザルにあげ、冷めたら枝豆の薄皮を取る。
③ 洗った米に塩少々と酒を加え、水加減(米と同量)をして炊飯器で炊く。
④ 炊きあがったご飯に、菊の花と枝豆を混ぜる。

きのこ汁

材料

マイタケ…100g
ナメコ…100g
シメジ…150g
ゴボウ…30g
長ネギ…1本
ミツバ…少々
糸こんにゃく…1袋
木綿豆腐(絹ごし豆腐でもよい)…1丁
水…4～5カップ
味噌…適量

作り方

① マイタケ、ナメコ、シメジは石づきを取り、ほぐす。ゴボウは皮をこそげ取り、タテに細かく包丁を入れ、薄いささがきにし、水にさらす。長ネギは斜め薄切りにする。ミツバは細切りにする。糸こんにゃくは熱湯でゆでてアクを抜き、食べやすい長さに切る。
② 分量の水にゴボウとキノコ類、糸こんにゃくを入れ、煮る。
③ 煮えたら味噌を加え、食べやすい大きさに切った豆腐を入れる。ひと煮立ちさせたら火を止めて、①の長ネギを入れ、さらにミツバをのせる。

秋の煮しめ

材料

サトイモ…３００ｇ
ニンジン…２００ｇ
ゴボウ…１００ｇ
マイタケ…１００ｇ
インゲン…50ｇ
こんにゃく…1枚
さつま揚げ…３～５枚
昆布…10㎝
だし汁…２～３カップ
砂糖…大さじ２
酒・みりん…各大さじ１
薄口しょうゆ…大さじ１～２
塩…小さじ1/2～1

作り方

①サトイモ、ニンジンは、食べやすい大きさに乱切りにする。ゴボウは皮をこそげ取って乱切りにし、水にさらしてアクを抜く。
②マイタケは石づきを取り、ほぐす。こんにゃくは熱湯でゆでてアク抜きし、食べやすい大きさにちぎる。インゲンは半分に折って、ゆでる。さつま揚げは食べやすい大きさに切る。
③鍋に昆布を敷き、サトイモ、ニンジン、ゴボウ、マイタケ、こんにゃく、さつま揚げとだし汁を入れて火にかけ、煮たったら砂糖、酒、みりん、薄口しょうゆ、塩で調味し、弱火にして煮含める。
④味がしみてきたらインゲンを加え、さっと煮て、器に盛る。

菊の花とシラス干しの酢の物

材料

菊の花(赤)…100g
黒キクラゲ…10g
シラス干し…20g
酢…少々

[つけ酢]
酢…大さじ3
砂糖…小さじ2
しょうゆ…小さじ1
酒…小さじ1
塩…少々

作り方

① 菊の花は花びらだけむしり、酢をたらした熱湯でさっとゆで、ザルにあげて水気をきる。黒キクラゲは水でもどして、細かく切る。
② 菊の花、黒キクラゲ、シラス干しをつけ酢で和える。

菊の花とマイタケの酢の物

材料

菊の花(黄)…100g
マイタケ…30g
刻みメカブ(乾燥)…大さじ1
塩…少々
酢…少々

[つけ酢]
酢…1/4カップ
砂糖…小さじ2
しょうゆ…小さじ1
酒…小さじ1
塩…少々
水…1/2カップ

作り方

① 菊の花は花びらだけむしり、酢をたらした熱湯でさっとゆで、ザルにあげて水気をきる。
② マイタケは石づきを取り、ほぐす。塩を加えた熱湯に入れ、さっとゆでて水気をきる。
③ 刻みメカブは水につけて10分ほどもどし、水気をきる。菊の花、マイタケを加えて、つけ酢で和える。

敬老の日

高齢化が急速に進むわが町では、高齢者は皆元気です。七十、八十はまだまだ洟垂れ小僧が、実感できます。じいちゃんは現役の百姓、ばあちゃんはご飯のしたくや孫のお守りまでこなすピカピカの主婦。すごいなあと思います。えらいなあと思います。自分にも、そんな元気な未来があるようで、うれしくなります。

精進八宝菜

材料

ニンジン…小1本(70〜80g)
レンコン…100g
タマネギ…2個
カリフラワー…小1株(200g)
サヤエンドウ…50g
唐辛子・根ショウガ…各少々
厚揚げ…2枚
ゴマ油…大さじ2
塩…少々
しょうゆ…大さじ2〜3
酒・みりん…各大さじ1
くず粉(または片栗粉)…大さじ1
水…1カップ

作り方

① ニンジン、レンコン、タマネギは乱切りにする。カリフラワーは小房に分けてゆでる。サヤエンドウはさっとゆでる。唐辛子と根ショウガはみじん切りにする。厚揚げは熱湯をかけて油抜きし、8等分に切り分ける。
② 中華鍋にゴマ油、①の唐辛子、根ショウガを加えて炒め、香りがたってきたら、さらにタマネギを入れて炒め、ニンジン、レンコンも加えて炒め合わせる。
③ 厚揚げも加え、水少々を入れ、やわらかく煮込む。塩、しょうゆ、酒、みりんを加え、味をととのえる。
④ くず粉は分量の水に溶かし、③に流し入れて野菜とからめる。
⑤ ①のカリフラワーとサヤエンドウを加えて、器に盛る。

ニンジンの道明寺揚げ

材料

ニンジン…1本
タマネギ…1/3個
根ショウガ…1かけ
小麦粉…大さじ2
塩…少々
道明寺粉…適量
揚げ油(菜種油)…適量
つゆ(53頁参照)…適量

作り方

① ニンジンと根ショウガはすりおろし、みじん切りにしたタマネギと混ぜる。さらに小麦粉と塩を加えて、よく混ぜる。
② ①を2cmくらいの大きさに丸め、道明寺粉をまぶす。
③ 揚げ油を熱し、からりと揚げる。
④ つゆをつけていただく。
＊白身魚のすり身などを混ぜてもおいしいです。

モヤシと白菜のスープ

材料

モヤシ…1袋
白菜…2枚(約200g)
ニンジン…4cm
ほうれん草…2〜3束(約30g)
だし汁…5カップ
塩・こしょう…各適量
しょうゆ…少々
ゴマ油(好みで)…適宜

作り方

① モヤシはよく洗い、ザルにあげて水気をきる。白菜は白い芯と葉に切り分け、芯は4cmの長さの棒状に切り、葉はザク切りにする。ニンジンは4cmの長さの千切りにする。ほうれん草は4cmの長さに切る。
② 鍋にだし汁を入れ、①の白菜の芯とニンジンを入れて火にかけ、やわらかくなってきたら白菜の葉とモヤシ、ほうれん草を加える。塩、こしょうで調味し、しょうゆを加えて味をととのえ、好みでゴマ油をたらす。

十五夜
旧暦の8月15日に出る満月で「中秋の名月」ともいわれます。現在の暦では1か月ほどのズレがあるため、9月上旬から10月の上旬に訪れる満月が十五夜です。まん丸の月見団子と魔除けのススキをお供えするのが現在のスタイルですが、9月頃に収穫される里芋をお供えしたことから「芋名月」とも呼ばれています。ちなみに、十五夜のつぎに美しいといわれる旧暦9月13日の十三夜は、豆や栗をお供えすることから「豆名月」「栗名月」といわれます。また、十五夜は中国から伝えられたものですが、十三夜は日本独自のものです。

十五夜の月見団子

材料

上新粉・白玉粉…各300g
砂糖…30g
水…2と1/2カップ
片栗粉…適量

作り方

① ボウルに粉類と砂糖を入れ、分量の水を何回かに分けて加え、耳たぶくらいのやわらかさになるまでよくこねる。

② これを棒状に伸ばし、15等分して1つずつ丸め、片栗粉をまぶしながら形をととのえる。上から手で押さえ、底を少し平らにする。

③ 蒸し器に濡れぶきんを敷き、②の団子を置いて、20分ほど蒸す。蒸しあがったら手早く団扇であおいでツヤをだす。

神無月

○8日頃・寒露
○23日頃・霜降

収穫祭

もう十年以上も前のことですが、山の上の、冷たい湧き水があふれ出ている、捨てられた田んぼで米を作りました。機械はないので、ほとんど全部手作業。クロを塗り、田植え、草取り、稲刈り、稲干しと手をかけて作ったのですが、三反でたったの二、三俵、笑うしかない収穫でした。水のない季節に穴を掘って田植えをし、収穫の時期には水びたしの田で、子ども用のそりに乗せて刈った稲を運ぶ始末。でも、バカバカしいと言われようとも、やめようとは思いませんでした。それどころか、「こんな私にもできた」と米作りの喜びに目覚めました。本格的に取り組むために田んぼに近いところに暮らそうと考え、古民家を探し始めたのです。

ようやく見つけた古民家。その改修工事が始まった直後に、膠原病を発病。しかも両手が使えない状態になって、米作りは断念しました。でも、収穫祭というと、あのとき作った米を手に握り、思わずかじってしまった喜びがよみがえってきます。

五目ふかし

材料

もち米…3カップ
小豆…30g
栗(皮をむいた生のもの)
…8～12粒
クコの実…12粒
枝豆(ゆでてサヤから出したもの)
…適量
黒ゴマ…少々
塩…少々
酒…大さじ1

作り方

① 小豆は水で洗って、鍋に入れ、水3カップを加えて火にかける。沸騰したら火を止め、そのまま冷ます。冷めたらザルにあげ、煮汁と小豆を別々にする。
② もち米は洗い、①の小豆の煮汁に一晩つける。
③ ②のもち米を炊飯器に入れて、塩、酒を加え、水加減(②でつけた小豆の煮汁と合わせて米3カップ分)をして、①の小豆、栗、クコの実をのせて炊く。
④ 炊きあがったら、よく混ぜ合わせ、枝豆と黒ゴマを散らす。

芋汁

材料

サトイモ…5個
マイタケ…100g
長ネギ…2本
糸こんにゃく…1袋
油揚げ…1枚
だし汁
…5～6カップ
塩…適量
しょうゆ…大さじ2
酒…大さじ2

作り方

① サトイモは皮をむき、食べやすい大きさに切る。マイタケは石づきを取り、ほぐす。長ネギは斜め細切りにする。糸こんにゃくは熱湯でゆがいてアクを抜き、ザルにあげて水気をきり、4cmの長さに切る。油揚げは熱湯をかけて油抜きし、細切りにする。
② だし汁にサトイモ、マイタケ、油揚げを入れて火にかけ、イモがやわらかくなったら糸こんにゃくを入れ、塩、しょうゆ、酒で調味し、火を止めて①の長ネギを入れる。

カボチャの宝蒸し

材料

カボチャ…1個
ニンジン…50g
シメジ…50g
ゴボウ…50g
ヒジキ…5g
根ショウガ…1かけ
ギンナン…5~6粒
松の実…大さじ2
クコの実…大さじ2
木綿豆腐…1~2丁
卵…2個
（またはヤマイモをすりおろしたもの50~80g）
片栗粉…大さじ2
小麦粉…大さじ3
塩…適量
酒…大さじ1
しょうゆ…大さじ1
ゴマ油…小さじ2+適量
水…1/4カップ
[しょうゆだれ]
だし汁…1/2カップ
しょうゆ…大さじ1
酒・みりん…各大さじ1
片栗粉…少々

作り方

① カボチャは上部を水平に切り落とし、フタにする。中の種をスプーンで取り出し、切り口と内側をなめらかにする。
② ニンジン、シメジ、ゴボウはみじん切りにする。ヒジキは水でもどし、みじん切りにする。ギンナンは炒って殻をはずし、沸騰した湯に塩を加えてさっとゆで、冷水に取って甘皮をむく。
③ 鍋にゴマ油を熱して、ニンジン、シメジ、ゴボウ、ヒジキを炒め、塩、酒、しょうゆで調味し、分量の水を加えてやわらかく煮る。汁気がなくなるまで煮つめる。
④ 豆腐は布に包んで30分おき、水気をきる。
⑤ ④の豆腐と③、すりおろした根ショウガ、溶きほぐした卵、片栗粉、小麦粉を加え、よく混ぜ合わせる。具の固さは小麦粉で調節する（目安は耳たぶ程度の固さ）。ギンナン、松の実、クコの実は飾り用に半分を残して加える。
⑥ カボチャに⑤を詰め、残しておいたギンナン、松の実、クコの実をのせ、カボチャのフタの内側にゴマ油を塗り、蒸し器で30分~1時間ほど蒸す。カボチャに串を刺し、やわらかく刺せればできあがり。
⑦ 皿に盛り、切り分けて、だし汁、しょうゆ、酒、みりんを加熱し、水溶き片栗粉を加えてとろみをつけたしょうゆだれをかけていただく。
＊大根おろしでいただいてもおいしく、おすすめです。

ぬか漬け

材料（作りやすい分量）

キュウリ、ナス、ニンジン、カブ、
キャベツ、ハヤトウリなど…各適量
塩…適量

［ぬか床］
米ぬか…1kg
水…1と1/2リットル
塩…205g
唐辛子…5本
昆布…10cm
からし粉…100g

作り方

① ぬか床を作る。鍋に分量の水と塩を加えて煮立て、冷ます。米ぬかは鍋に入れ、弱火で焦げないようにから炒りし、冷ます。

② 容器に①の米ぬかを入れ、①の塩水を半量入れてよく混ぜ、さらに残りを加えて混ぜる。

③ ②に唐辛子、昆布、からし粉を加え、さらによく混ぜ、捨て漬け野菜としてキャベツの外側の葉などを入れて平らにし、表面を清潔な布でおおってフタをする。

④ 毎日、底のほうからよくかきまわし、ぬか漬けの香りがしてきたら、ぬか床のできあがり。

⑤ キュウリやナス、ニンジン、カブなど、材料は塩をまぶして漬け込む。夏場の気温が高いときなどは半日、春秋なら1日で漬かる。

＊容器はフタができるもので、樽や陶器製、ホーロー製などがおすすめです。材料から水分がでますが、表面にのせた布がある程度吸いとってくれます。あまりゆるくなってしまったら、米ぬかを加えて調整します。また、数日間留守をするときなどは、冷蔵庫へ入れるか、表面にしっかり塩をまぶします。

霜月

○7日頃・立冬
○15日・七五三
○22日頃・小雪

紅葉狩り

山里に暮らしているので、犬の散歩をしていれば紅葉は見放題。しかし、生来の旅好き。ふらりと出かけたくなります。生まれも育ちも上州といえば、十歳のときに家を捨てて渡世人となった木枯し紋次郎のことを思い出す人もいるでしょうか。架空の人物とはいえ、私にもそんな血が少しは流れているような気がします。

というわけで、たまらなく海を見たくなったり、桜の季節には桜を、紅葉の季節には紅葉を見たくなるのです。最近は、余裕ができた中高年が増え、あっちでもこっちでも「紋次郎」に出会います。やはり、みんなが「いい」と認めた名所というのは、申し分のない美しさだと思いますが、偶然車で通りがかった所に案外と素晴らしい紅葉があったりして、印象に強く残ります。持っていくお弁当は、キノコ入りのおこわ。作るのは簡単、冷めてもおいしく、また量は少しでも腹持ちがよいのです。

キノコ入りのおこわ

材料

米…1と1/2カップ
もち米…1と1/2カップ
マイタケ・シメジ・シイタケ
…100g(合わせて)
ゆずの皮…少々
塩…少々
酒…大さじ1
薄口しょうゆ…小さじ1

作り方

① 米類は洗い、一晩水につける。
② キノコ類は石づきを取り、食べやすい大きさにほぐす。
③ ①の米をザルにあげ、炊飯器に入れて、塩、酒、薄口しょうゆを加え、おこわの水加減(米3カップ分)をして、キノコ類をのせて炊く。
④ 炊きあがったら、器に盛りつけ、刻んだゆずの皮を散らす。

サツマイモのゴマ和え

材料

サツマイモ…1本(約300g)
すり白ゴマ…100g
塩…少々
みりん…大さじ1
しょうゆ…少々

作り方

① サツマイモは2cm角に切り、沸騰した湯でくずれないようにやわらかくゆで(やわらかくなりすぎると、すぐに煮くずれるので注意)、ザルにあげて水気をきる。
② すり白ゴマは、塩、みりん、しょうゆを加え、よく混ぜ合わせる。
③ ①のサツマイモを②で和える。

擬製豆腐

材料

木綿豆腐…1丁
ニンジン…50g
黒キクラゲ…2枚
インゲン…5〜6本
スプラウト(ブロッコリーの芽)…適宜
卵…1個(またはヤマイモをすりおろしたもの30〜50g)
上新粉…大さじ1
砂糖…小さじ1/2
塩…少々+小さじ1/3
ゴマ油…少々
みりん…小さじ1
しょうゆ…適量

作り方

① 豆腐は布に包んで30分おき、水気をきる。
② ニンジンはやや太めの千切りにし、みりんと水1/4カップを加えて下煮する。黒キクラゲは水でもどして、千切りにする。
③ インゲンは塩少々を入れた熱湯でサッと下ゆでし、小口切りにする。
④ 卵を溶きほぐし、①の豆腐、上新粉、砂糖、塩小さじ1/3を加え、よく混ぜ合わせる。
⑤ ④にニンジン、黒キクラゲ、インゲンも加えて混ぜる。
⑥ 型の内側にゴマ油を塗り、⑤の生地を流し入れて、蒸し器で20分ほど蒸す。
⑦ 蒸しあがったら、皿を添えて裏返して取り出す。
⑧ フライパンで⑦の両面を焼き、食べやすい厚さに切り分けて器に盛り、スプラウトを散らす。しょうゆをかけていただく。

七五三

長女の七歳の七五三。「オベベを着て、髪を結い上げるのよ」と、二年前から髪は切らずに長くして、その日を待ちました。東京から母も、写真を撮るからと張り切って、着物を持ってやってきました。ああ、それなのに、三日前にブランコから落ちて、顔に見事に大きな青アザ。それだけではありません。次女も七五三直前に顔に大怪我！　ま、いいか。顔に怪我をして困ったのは大人だけ。子どもはおいしくごちそうを食べ、元気に走り回っていました。

トマトのグラタン

材料

トマト…3～5個
タマネギ…1個
ピーマン…3個
マッシュルーム（またはシメジ）…50g
オリーブ油…大さじ1＋適量
バター…20g
小麦粉…大さじ3
牛乳（または豆乳）…3カップ
塩・こしょう…各適量
パン粉・粉チーズ…各適量

作り方

①トマトは熱湯をかけて皮をむき、ヨコ2cm幅に切る。タマネギは薄切りにし、ピーマンは種を取って薄く輪切りにし、マッシュルームは薄切りにする。
②オリーブ油大さじ1とバターを熱し、弱火で①のタマネギを透き通るまで炒める。小麦粉を加え、よく炒めながら混ぜ、さらに牛乳を少しずつ加えながらのばす。塩、こしょうをしてホワイトソースを作る。
③耐熱容器にオリーブ油を薄く塗り、①のトマト、マッシュルーム、ピーマンをならべ、②のホワイトソースを入れて、パン粉と粉チーズをふりかける。
④220℃にあたためたオーブンで、焼き色がつくまで15～20分ほど焼く。

アワとカブのシチュー

材料

アワ…100g
カブ…4～5個
赤ピーマン…1～2個
シメジ…100g
タマネギ…2個
水…3カップ＋3カップ
ベイリーフ…4～5枚
塩・こしょう…各適量

作り方

①カブは葉を5cmほど残したまま、皮つきのままで8等分に切る。赤ピーマンは種を取って1cm角に切る。シメジは石づきを取り、ほぐす。タマネギは薄切りにする。
②鍋に水3カップを入れ、①のカブ、赤ピーマン、シメジ、タマネギ、ベイリーフを入れて煮る。野菜がやわらかくなったら、塩、こしょうを加えて調味する。
③別の鍋にアワ、水3カップ、塩、こしょうを入れ、木べらでかきまわしながら強火で煮る。フツフツと吹いてきたら弱火にし、フタをして10分煮る。
④②に③のアワを加え、さっと煮る。

アボカドのおろし和え

材料

アボカド…1個
大根…50g
レモン（または夏みかんなどの柑橘類）…少々
薄口しょうゆ…少々
塩…少々

作り方

①よく熟したアボカドの皮をむき、種を取って食べやすい大きさに切る。
②大根をすりおろして大根おろしを作り、薄口しょうゆ、塩で味つけをし、アボカドと和える。
③器に盛り、レモンの搾り汁をかける。

干し柿作り

　土手にある蜂屋柿の老木。大きくてたっぷりと甘い実がなります。ところが、この柿は気まぐれ者で、二、三年に一度しか実をつけません。そのかわり、なるときは、どっさり採れます。でも、柿採りは重労働です。とりわけ、急傾斜にある柿の木ですし、手が届かない高いところに実はなります。一年前に伐って乾燥させた竹の先を少し割り、そこに枝を挟み込んで一個、三個と採るのですが、首は痛くなるし、手はしびれてきます。まだまだ赤い実がたくさんなっていても、「もういいだろう」となります。あちこちで、たわわな真っ赤な実がなったままの木を見かけますが、同じ事情があるのでしょう。

　採った柿をむくのがまた一仕事。干すのも、そのまま吊るしっぱなしにはできません。湿気が多く日照時間が少ないので、カビてしまうのです。囲炉裏に運んだり、日に当てたりと、天気に合わせて移動させます。この仕事を喜べるなら、あなたは田舎暮らしに向いています。私は、食い気一筋でがんばっています。

干し柿

材料

柿(ヘタに柄と枝の一部のついたもの)…適宜
ひも…適宜

作り方

①ヘタについている柄とT字型の枝の一部を折らないようにヘタのまわりをカットし、柿の実の皮をむく。
②柄とT字型の枝の部分を紐で結んでいく。このとき、柿と柿がふれないようにする。
③軒下の日当たりのいい場所に干して乾燥させる。
④フンワリとやわらかく仕上げるために、干した柿がやわらかくなり(干してから1週間から10日が目安)、中から汁が出ない程度になったら一つずつもんでいく。親指と人差し指を使ってまわりから内の方へともみ回す。さらに5日から1週間ほどしたら、同様にしてカキの中心までもむ。
⑤柿が乾燥したら、食べごろに(そのときの気象条件にもよるが2～3週間程度が目安。やわらかい柿が好きな人は早めに、固い柿が好きな人は、好みの固さになったところで)。紙箱などに入れ、冷暗所で保存する。

*柿には甘柿と渋柿がありますが、干し柿の場合は、渋柿の方が甘くできます。

*干し柿はカビが大敵。干す前に大きな鍋にお湯をわかし、10秒ほど熱湯の中に入れると、カビが生えにくくなります。

*むいた柿の皮は、干して入浴剤にしたり、たくあん漬けに入れて甘みづけにも使えます。また、柿のヘタはしゃっくり止めに、柿渋は血圧を下げるのに用いる漢方薬。そのほか、果実は酢にもなります。

*柿にはビタミンCが多く含まれ、ミカンの約2倍、リンゴの約18倍、ブドウの約35倍もあるといわれています。β-カロテンはミカンの半分以下と少ないのですが、干し柿になると、ミカンの約1.5倍と大幅に増えます。お日さまは偉大ですね。

干し柿のシソ巻き

材料(16個分)

干し柿…4個　はちみつ…適量
青シソ…16枚　梅酒…適量

作り方

①干し柿はそれぞれ4等分し、種を取る。
②青シソで干し柿を包む。
③包み終わりを下にして容器にならべ、上からはちみつと梅酒をかぶるくらいまで入れ、軽い重石をする。

*一晩おいて味がなじめば食べられますが、青シソの青みが消えた頃が食べ頃です。
*冷蔵庫で1年は保存可能です。

干し柿のサラダ

材料

干し柿…2個　トンブリ…適量
ゆず…1個　塩…少々
カブ…3個
[ドレッシング]
酢・オリーブ油…各大さじ3
塩・こしょう…各適量

作り方

①ゆずは汁を搾り、皮少々を千切りにする。干し柿は細切りにし、搾ったゆずの汁をかけておく。
②カブは葉を落とし、皮をむいて5㎜幅のくし型に切る。さらに塩をふり、さっと混ぜて味をなじませておく。
③干し柿とカブを皿に盛りつけ、トンブリを盛り、①のユズの皮を散らして、合わせておいたドレッシングをかける。

師走

○7日頃・大雪
○22日頃・冬至
○31日・大晦日

冬至

カボチャは、世界中で広く栽培され、親しまれている野菜。ハロウィーンの主役ですし、シンデレラの馬車もカボチャです。冬至カボチャは「冬至にカボチャを食べるとカゼをひかない」と、江戸時代あたりから続いてきたといわれる習慣です。最新の研究からも、カボチャにはビタミンAが豊富に含まれ、粘膜を丈夫にする働きや風邪に対する抵抗力を高めることが証明されています。免疫力の落ちる寒い季節に、栄養豊富なカボチャを食べて元気をつけようという人々の知恵ですね。

家庭菜園でも簡単に栽培できるので、わが家でも三種類のカボチャをつくり、それぞれの味を楽しんでいます。ねっとりとして、やさしい甘みの日本カボチャは、形が美しく絵になります。西洋カボチャ、皮が緑と白の二種類は、皮は包丁が入らないほど固いのですが、煮ればポクポクして強い甘みがあります。料理範囲も広く、スープ、ケーキ、煮物、キッシュ、グラタンなど、なんでもござれ。味方につけたい野菜のナンバーワンです。

カボチャご飯

材料
米…2カップ
カボチャ…100g
青シソ…少々
塩…少々
酒…大さじ1

作り方
①米は洗って、ザルにあげる。
②カボチャは皮つきのまま、食べやすい大きさに切る。
③炊飯器に米を入れて、塩、酒を加え、水加減(米と同量)をして、カボチャをのせて炊く。
④器にご飯を盛り、千切りにした青シソを散らす。

呉汁

材料
大豆…80g
油揚げ…1枚
干しシイタケ…2枚
細ネギ…適量
だし汁…3カップ(干しシイタケのもどし汁を加えて)
塩…ひとつまみ
味噌…大さじ2

作り方
①大豆は洗い、塩を加えたたっぷりの水に一晩つける。
②大豆を水きりし、すり鉢で少し粒が残るようにすりつぶす。
③油揚げはタテ半分にしてから細切りにする(油抜きしなくてOK)。もどした干しシイタケも細切りにし、細ネギは小口切りにする。
④だし汁に②の大豆と③の油揚げ、干しシイタケを入れ、大豆がやわらかくなるまで15分ほど煮込む。
⑤味噌を溶き入れて器に盛り、③の細ネギを散らす。
＊呉汁は熊本県の郷土料理です。
＊大豆を煮ると白い泡がたくさんでるので、鍋は大きめのものを使うといいでしょう。白い泡は抗酸化成分のサポニンです。

ゆずカップサラダ

材料(4個分)
ゆず…4個
ヤマイモ…200g
ブロッコリー…100g
赤ピーマン…1個
菊の花(黄、あればでよい)…適宜
塩・こしょう…各少々

作り方
①ゆずは上部を水平に切り取り、中味をかき出す。かき出したものは搾って汁を分けておく。
②ヤマイモは蒸し器で蒸して、すりつぶし、塩、こしょうをし、①のかき出したゆずの搾り汁を小さじ1加える。
③ブロッコリーは小房に分けて、ゆでる。
④赤ピーマンは種を取って、みじん切りにする。
⑤ヤマイモ、ブロッコリー、赤ピーマンを混ぜ合わせ、ゆずに詰める。このとき、ブロッコリーと赤ピーマンは、飾り用に少し取り分けておき、仕上げに上にのせる。あれば、酢をたらした熱湯でさっとゆでた菊の花の花びらも飾る。
＊残ったゆずの搾り汁は、酢の物やドレッシング、漬け物、汁物などに利用しましょう。

聖夜

誰もが知っているキリストの生誕物語。誰もが歌える「聖し、この夜」。みんなが喜ぶクリスマスツリーやイルミネーション。山奥に暮らすじいちゃん、ばあちゃんも、欠かさずに食べているケーキ。

　というわけで、もはや国民的な行事になっているクリスマス。祭りとは、本来こうしたものなのかもしれませんね。

ヒヨコ豆とブロッコリーのキッシュ

材料

ヒヨコ豆…100g
ブロッコリー…1株
卵…5個
生クリーム…1/2カップ
塩・こしょう…各適量
オリーブ油…適量
アーモンドの粉…適量
タイム・パセリなどの香辛料（好みで）…適宜

作り方

① ヒヨコ豆はたっぷりの水に一晩ひたしてもどす。水をかえて、やわらかくなるまでゆで、塩少々を加える。
② ブロッコリーは小房に分けて、固めにゆでる。
③ 卵は割って溶きほぐし、生クリームを加えてよく混ぜ、塩、こしょうをする。あれば、好みでタイムやパセリなどの香辛料をふる。
④ 耐熱容器にオリーブ油を薄く塗り、ヒヨコ豆とブロッコリーをならべ、上から③を流し入れる。さらにアーモンドの粉を上に散らす。
⑤ 200℃にあたためたオーブンで、15～20分ほど焼く。

＊牛乳や卵にアレルギーがある人は、卵と生クリームの代わりに、アワやキビ、または玄米の粉粥を使います（たとえばアワの場合は、アワ100gに水1と1/3カップと塩、こしょうを入れ、木べらでかきまわしながら強火で煮ます。フツフツとふいてきたら弱火にしてフタをし、10～15分ほど炊き、10分蒸らします）。

ロール白菜

材料

白菜…8枚
ニンジン…1/2本
干しシイタケ…3～4枚
シメジ…1パック（100g）
春雨…30g
生湯葉（千切りにしたもの）…1カップ分
ベイリーフ…1～2枚
塩・こしょう…各少々
しょうゆ…大さじ1
みりん・酒…各大さじ1

作り方

① 白菜は熱湯でやわらかくゆで、ザルにあげて冷ます。葉元や芯の厚みがあるところはそぎ、そいだ部分はみじん切りにして、水気をしぼる。ゆで汁はとっておく。
② ニンジンは5㎝の長さの千切りにする。干しシイタケは水にもどして千切りにし（もどし汁はとっておく）、シメジは石づきを取って、ほぐす。春雨はもどし、5㎝の長さに切る。
③ 白菜は葉元を手前にして広げ、①のみじん切りにした白菜、生湯葉、②のニンジン、干しシイタケ、シメジ、春雨を置き、両端を折りながら巻く。
④ 鍋に③の巻いた白菜をならべ、①のゆで汁、②のシイタケのもどし汁をひたひたに入れ、ベイリーフも加えて、強火にかける。煮たったら弱火にし、塩、こしょう、しょうゆ、みりん、酒で調味し、10～20分ほど煮る。

キビのサラダ

材料

キビ…100g
水…1と1/3カップ
レタス…適量
ニンジン…1本
タマネギ…1/2個
カリフラワー…1株
サツマイモ…1本
プルーン…50g
酢…大さじ1
オリーブ油…小さじ1
塩・こしょう…各少々

[ゴマドレッシング]
すり白ゴマ…50g
ゴマ油…1/4カップ
しょうゆ…大さじ3
酢…大さじ3
マヨネーズ…大さじ3

作り方

①キビは分量の水を入れ、木べらでかきまわしながら強火で煮る。フツフツとふいてきたら弱火にして10〜15分ほど炊き、10分蒸らす。炊いたキビに酢、オリーブ油、塩、こしょうで下味をつける。

②ニンジンはみじん切りにする。タマネギは粗いみじん切りにし、塩少々をふる。カリフラワーは小房に分けしゆでる。サツマイモは1cm角に切り、塩を加えた湯でゆで、ザルにあげて水気をきる。プルーンは粗いみじん切りにする。

③①と②をすべて混ぜ合わせ、レタスをしいて盛りつけ、好みで合わせたゴマドレッシングをかける。

リンゴと干し柿の蒸しケーキ

材料

リンゴ…1個
干し柿…3個
クルミ…30g
薄力粉…200g
ベーキングパウダー…小さじ2
砂糖…30g
牛乳(または豆乳)…1カップ
はちみつ…20g
ラム酒(または梅酒)…大さじ1
オリーブ油…適量

作り方

①リンゴは皮をむき、4つ割りにして芯を取り、さらに薄切りにして鍋に入れ、水をひたひたに加え、砂糖を入れて煮る。水分がほとんどなくなるまで煮つめ、飾り用に少し取り分けておく。

②薄力粉とベーキングパウダーは合わせてふるう。

③干し柿、クルミは飾り用に形よく刻んだものを取り分け、残りは細かく刻み、ラム酒をふりかけて、よく混ぜる。

④牛乳にはちみつを入れて溶かす。溶けにくければ、少しあたためる。

⑤②の粉に④を加え、③の細かく刻んだ干し柿とクルミ、さらに①の煮たリンゴも加え、切るように混ぜる。

⑥⑤をオリーブ油を塗った型に流し込み、上に取り分けておいたリンゴ、干し柿、クルミを飾り、湯気の上がった蒸し器に入れて、45〜55分ほど蒸す。

⑦粗熱がとれたら、型から取り出し、切り分ける。

＊蒸しあがりの熱いままでも、冷めてからでもおいしい蒸しケーキです。

大晦日

実家は薬屋だったので、大晦日は怒涛の一日。ゆっくりテレビの前で紅白……などは夢のまた夢でした。朝早くから除夜の鐘の鳴るころまで、店の片付けや正月の初売りの準備に追われます。子どもも、年賀用の石鹸箱や手ぬぐいの包装を手伝わされました。お年玉として客に渡す何種類もの福袋も作りました。昔の初売りは一月二日、夜が明ける前から道路を歩く人の足音がガザ、ガザと響きわたり、それで目が覚めるほど大勢の人たちが買い物に出かけたものでした。店は一年で一番売り上げが多く、もっとも忙しい日と決まっていましたが、子どもの忙しいのは、なんといっても大晦日。台所へ行けば、すぐに「お節を詰めて」とか「切った餅を箱に入れろ」などと使われました。アッという間に食べられる年越しそばは、大晦日にピッタリの夕食でした。

だから、ゆったりとテレビを見ながら過ごす大晦日は、なにか物足りないというか、「これでいいのかな」などと、大きな忘れ物をしているような不思議な気持ちになってしまいます。

年越しの二八そば

材料
そば粉…800g
強力粉…200g
熱湯…2カップ
水…3/4カップ
打ち粉(そば粉)…適量
長ネギ…1本
七味唐辛子(好みで)…適宜

[つゆ]
水…5カップ
削りカツオ…30g
しょうゆ…1/2カップ
みりん…1/2カップ

① つゆを作る。鍋に分量の水を入れて沸騰させ、削りカツオを入れて弱火で5分煮出す。ザルにあげて、漉した汁にしょうゆとみりんを加え、強火にして、煮立ったら火を止めて冷ます。
② そばをゆでるためのたっぷりの湯を沸かしておく。
③ そば粉に強力粉をよく混ぜ、熱湯2カップをまんべんなくふりかけて混ぜ、粉全体が一定の温度になるように混ぜる。そのあと水3/4カップをまき、手の指10本を使ってつぶつぶの小さな団子状になるようにかき混ぜる。団子状にならないときは霧吹きで水を加える(やわらかすぎないように注意)。団子状になったら、こねる。生地を丸くまとめ、なめらかな表面にする。
④ 丸くまとまった生地を板にのせ(3〜4等分にして伸ばしていくほうがやりやすい)、四方八方からよく叩いて伸ばす。その生地に打ち粉をしながら、麺棒で伸ばしていく。
⑤ 薄く伸びたら、3〜4つにたたみ、端から切る。
⑥ ⑤のそばを②の熱湯でゆで、そばが浮きはじめたら、ただちに冷水にとり、よく洗い、ザルにあげる。
⑦ 椀につゆと小口切りにした長ネギを入れ、そばをいただく。好みで七味唐辛子を入れる。

ビール漬け

材料(作りやすい量)
カブ、ダイコン、ニンジン、ハヤトウリ、ナス、キュウリなど…各適量
ビール…1/3カップ
塩…大さじ2
砂糖…50g
唐辛子…1本

作り方
① 塩と砂糖を合わせる。
② カブ、ダイコン、ニンジン、ハヤトウリ、ナス、キュウリなどの漬けるものに①をよくすり混ぜて容器に入れ、ビールと唐辛子を加えて一晩おく。
③ 適当な大きさに切って、皿に盛る。

子どもの誕生日

手作りの食事、おやつで子育てと鼻高々だったのに、大きくなってきたら、いつしか「お母さんが作ったものじゃないケーキを食べたい」などと言われるようになりました。ものすごくショックでしたが、これも成長の証と割り切りました。

そんな娘の中学一年のときの誕生日、友人家族も一緒にと集まりましたが、娘の望みどおりのバースデーケーキを買ってきました。ところが開けてびっくり。「お誕生日おめでとう」と書かれたチョコレートの板には、お姉ちゃんの名前が書かれていたのです。

おっちょこちょいの私が、ケーキ屋さんに間違えてお姉ちゃんの名を言ったのでしょう。怒られた、怒られた……。「ケーキ屋さんのが食べたいなんて言うから、天罰だね」なんて決して思っていませんよ。

一口寿司

材料

米…3カップ
白身魚・貝柱・マグロ・イカなどの刺身…各適量
オクラ…適量
納豆…適量
卵…2個
塩…少々
オリーブ油…少々
焼きのり…少々
［合わせ酢］
酢…大さじ1
砂糖…大さじ1
塩…小さじ1/2

作り方

① 米は洗って、水加減（米と同量）をして炊き、合わせ酢をふりかけ、切るように混ぜて、冷ます。

② 卵はよく溶きほぐし、塩少々を加えて混ぜる。オリーブ油をひいて熱したフライパンに流し入れて厚焼き卵を作り、好みの厚さに切る。

③ オクラはゆでて冷水に取り、細かく刻む。納豆も細かく刻む。イカは少しを取り分け、細かく刻む。オクラと納豆半量を混ぜ合わせ、また同様に、細かく刻んだイカと残りの納豆も混ぜ合わせる。

④ ①の寿司飯を握り、刺身や②の卵の具をのせる。また、焼きのりを巻き、③のオクラ納豆、イカ納豆をそれぞれのせて、軍艦巻きにする。

＊卵にアレルギーがある場合は、厚焼き卵のかわりに、野菜の煮たものや天ぷらなどをのせるといいでしょう。

こつゆ

材料

サトイモ…3個（約200g）
ニンジン…1/2本（約50g）
キヌサヤ（ゆでたもの）…少々
糸こんにゃく…1/2袋
干し貝柱…30g
干しシイタケ…2枚
黒キクラゲ…5枚
まめ麩…適量
だし汁…5カップ
（干し貝柱、干しシイタケ、黒キクラゲのもどし汁を加えて）
塩…少々
しょうゆ…少々
酒・みりん…各大さじ1

作り方

① 干し貝柱、干しシイタケ、黒キクラゲはそれぞれ水につけてもどし、もどし汁はだし汁にする。まめ麩は水にひたしてもどす。貝柱はほぐし、干しシイタケは千切りにし、黒キクラゲは小さく切る。

② サトイモは皮をむき、食べやすい大きさに切る。ニンジンはイチョウ切りにし、ゆでてアク抜きをした糸こんにゃくは、2cmの長さに切る。

③ 鍋にだし汁を入れ、①の貝柱、シイタケ、黒キクラゲ、②のサトイモ、ニンジン、糸こんにゃくを入れて煮る。野菜がやわらかく煮えたら、塩、しょうゆ、酒、みりんを加えて調味し、まめ麩を加えてひと煮立ちさせる。

④ 器に盛り、ゆでて刻んだキヌサヤを散らす。

＊こつゆは福島県会津の郷土料理で、冠婚葬祭やお祝い事に欠かせない一品です。

カボチャのサモサ

材料（20個分）

カボチャ…200g
ジャガイモ…1/2個
タマネギ…1/4個
シシトウ…1本
グリンピース（ゆでたもの）…10g
干しプルーン…3個
スイートコーン…20g
オリーブ油…適量
塩・こしょう…各適量
餃子の皮…20枚
揚げ油（菜種油）…適量
[A]
ターメリック…小さじ1/4
クミン・コリアンダー・チリペッパー・ガラムマサラ…各少々

作り方

① カボチャとジャガイモは1cm角に切って、ゆでる。

② タマネギとシシトウはみじん切りにし、オリーブ油でタマネギが透き通るまで炒める。

③ ①と②とグリンピース、刻んだ干しプルーン、スイートコーンを合わせ、Aと塩、こしょうを混ぜる。

④ 餃子の皮に包み、油で揚げる。

いちごのデコレーションケーキ

材料（18㎝の丸型）

［スポンジ生地］
薄力粉…90g
卵…3個
砂糖…30g＋60g
ラム酒…少々
牛乳…15cc
バター…15g

［シロップ］
砂糖…50g
水…1/4カップ

［ホイップクリーム］
生クリーム…1と1/2カップ
砂糖…30g

［飾り用］
いちご…適量
ローソク・誕生日の飾り…適宜

作り方

① 卵は室温においておく。卵白と卵黄に分け、卵黄はほぐして砂糖30gを加えて混ぜ、白くなるまで泡立てる。卵白は泡立て器で角が立つまで泡立て、残りの砂糖60gを2～3回に分けて加え、固いメレンゲを作る。

② 卵白に卵黄を混ぜて、全体をすくい上げるように混ぜ、ラム酒をたらす。

③ 2回ふるった薄力粉を②に加え、ゴムべらでさっくりと切るように手早く混ぜ、人肌にあたためた牛乳と溶かしたバターを加えて、混ぜる。

④ スポンジ型の底と側面にオーブンシートを敷き、③を流し入れ、5㎝くらいの高さから型を2～3回落として、生地の中の気泡を抜く。

⑤ 160℃にあたためたオーブンで25～30分ほど焼く。

⑥ 小鍋にシロップの材料を入れ、沸騰させて砂糖を溶かし、冷ます。

⑦ 焼けたスポンジ生地は、型から取り出し、オーブンシートをはがす。粗熱がとれたらふたたび型をかぶせ、冷めてしっとりするまで放置する。さらに横半分に切り、それぞれに⑥のシロップをハケで塗る。

⑧ 生クリームに砂糖を加え、冷水で冷やしながら泡立てる。ホイップクリームをそれぞれのスポンジ生地の中面側に塗り、さらに半分に切ったいちごをのせる。

⑨ スポンジ生地を合わせ、表面にもホイップクリームを塗り、いちごを飾る。さらにローソクや誕生日の飾りなどで華やかにデコレーションする。

おわりに

長男の車に乗ると、地獄。スピーカーから流れるスッチャカ、スッチャカのレゲエ？　ロック？　などの耳慣れない音楽が、鳴り響いています。読む漫画も、漫画好きな私としては、とうてい容認できない絵の汚さなのに、「最高に面白い」というのですから呆れるしかありません。本当に私が育てたの？　と疑うばかりです。最愛の子どもですらそんなふうなので、聴く音楽、読む本、見たいテレビなど、家族はバラバラ。そんな、バラバラ家族をつなぐ接着剤は、食事です。

それぞれが忙しく、食事をする時間もまちまちですが、食に関しては共通の話題や作業でいつも盛り上がります。それもそのはず、スギナ、セリ、ツクシ、フキノトウなどの野草、フキ、タラの芽などの山菜や栗まで、長男が犬の散歩がてらに持ち帰ってきます。梅採り、味噌作り、柿採りと皮むきなど、家族総出で行ないます。というよりも、樽や重石を運んだり、乗せたり降ろしたりなどは重労働なので、夫や長男が率先してやってくれなければ、できないのです。もちろん、最初からこんなにうまくはいきませんでした。でも、フキノトウやタラの芽のおいしさに目覚めれば、「見つけたら採ってくる」となり、「季節を待って採りに行く」となるのは、自然な成り行きでした。まずは食べること、味覚を研ぎ澄ますことが大切だと思います。

梅干しや味噌作りも、重いものが持

てないし、「もうやめようと思う」と長男に話したら「冗談じゃあないよ。俺はこの味噌と梅干ししか食えないんだぞ」などと言うので、「じゃあ、手伝ってよ」となりました。夫も「見ていられない」「かわいそうだから、手伝ってやるか」の心境だったと思いますが、いまでは、十分に楽しんでいるようです。家族みんなで行なう作業は、楽しいものです。

　行事食は、季節の恵みを楽しみ、味わい、健康が支えられ、しかも家族の絆が深まるという、一石二鳥以上の優れもの。行事を通して、そんな足元にころがっている喜びを見つけ、厳しく苦しい人生を生き抜く糧にしてほしいと思います。

境野米子（さかいの・こめこ）
生活評論家・薬剤師

1948年、群馬県前橋市に生まれる。千葉大学薬学部卒業。現在、福島県に在住。築150年のかやぶき屋根の古民家を修復し、木炭浄化槽を設置して家庭の雑排水の浄化に取り組む。野草茶を作り、自然の食材を食卓にのせて暮らす。「健康」「野菜料理」「化粧品の選び方」などについて月刊誌に連載。また、講演で全国を歩く。著書に『米子の畑を食べる』（七つ森書館、1992年）、『病と闘う食事』（創森社、2002年）、『安心できる化粧品選び』（岩波書店、2003年）、『肌がキレイになる!! 化粧品選び』（コモンズ、2003年）、『化学物質に頼らない 自然暮らしの知恵袋』（家の光協会、2004年）、『こどもに食べさせたい ごはんと野菜』（学陽書房、2006年）、『新・買ってはいけない⑤』（金曜日、2008年）など多数ある。

こどもと楽しむにほんの行事ごはん
自然の恵みと暦をゆったり味わう12月《つき》のレシピ

2008年5月20日　初版印刷
2008年5月27日　初版発行

著者　境野米子

デザイン　原圭吾（SCHOOL）、山下祐子
スタイリング　安保美由紀
撮影　吉田彩子
調理協力　境野　理
発行者　光行淳子
発行所　株式会社 学陽書房
東京都千代田区飯田橋1-9-3　〒102-0072
営業部　TEL03-3261-1111　FAX03-5211-3300
編集部　TEL03-3261-1112　FAX03-5211-3301
振　替　00170-4-84240
印刷・製本　文唱堂印刷

ISBN978－4－313－87126－7　C2077